Gotthold Ephraim Lessing

Abhandlungen über die Fabel

Gotthold Ephraim Lessing

Abhandlungen über die Fabel

ISBN/EAN: 9783337199661

Hergestellt in Europa, USA, Kanada, Australien, Japan

Cover: Foto ©Thomas Meinert / pixelio.de

Weitere Bücher finden Sie auf **www.hansebooks.com**

Inhalt:
  I. Von dem Wesen der Fabel
  II. Von dem Gebrauche der Tiere in der Fabel
  III. Von der Einteilung der Fabeln
  IV. Von dem Vortrage der Fabeln
  V. Von einem besondern Nutzen der Fabeln in den Schulen

I. Von dem Wesen der Fabel

Jede Erdichtung, womit der Poet eine gewisse Absicht verbindet, heißt seine Fabel. So heißt die Erdichtung, welche er durch die Epopee, durch das Drama herrschen läßt, die Fabel seiner Epopee, die Fabel seines Drama.

Von diesen Fabeln ist hier die Rede nicht. Mein Gegenstand ist die sogenannte (aesopische) Fabel. Auch diese ist eine Erdichtung, eine Erdichtung, die auf einen gewissen Zweck abzielet.

Man erlaube mir, gleich anfangs einen Sprung in die Mitte meiner Materie zu tun, um eine Anmerkung daraus herzuholen, auf die sich eine gewisse Einteilung der aesopischen Fabel gründet, deren ich in der Folge zu oft gedenken werde und die mir so bekannt nicht scheinet, daß ich sie, auf gut Glück, bei meinen Lesern voraussetzen dürfte.

Aesopus machte die meisten seiner Fabeln bei wirklichen Vorfällen. Seine Nachfolger haben sich dergleichen Vorfälle meistens erdichtet oder auch wohl an ganz und gar keinen Vorfall, sondern bloß an diese oder jene allgemeine Wahrheit, bei Verfertigung der ihrigen, gedacht. Diese begnügten sich folglich, die allgemeine Wahrheit, durch die erdichtete Geschichte ihrer Fabel, erläutert zu haben; wenn jener noch über dieses die Ähnlichkeit seiner erdichteten Geschichte mit dem gegenwärtigen wirklichen Vorfalle faßlich machen und zeigen mußte, daß aus beiden, sowohl aus der erdichteten Geschichte als dem wirklichen Vorfalle, sich ebendieselbe Wahrheit bereits ergebe oder gewiß ergeben werde.

Und hieraus entspringt die Einteilung in (einfache) und (zusammengesetzte) Fabeln.

(Einfach) ist die Fabel, wenn ich aus der erdichteten Begebenheit derselben bloß irgendeine allgemeine Wahrheit folgern lasse.—"Man machte der Löwin den Vorwurf, daß sie nur ein Junges zur Welt brächte. Ja, sprach sie, nur eines, aber einen Löwen."[1]—Die Wahrheit, welche in dieser Fabel liegt, oti to kalon ouk en plhJei, all' aerth, leuchtet sogleich in die Augen; und die Fabel ist (einfach), wenn ich es bei dem Ausdrucke dieses allgemeinen Satzes bewenden lasse.

{Fussnote 1: Fabul. Aesop. 216. Edit. Hauptmannianae.}

(Zusammengesetzt) hingegen ist die Fabel, wenn die Wahrheit, die sie uns anschauend zu erkennen gibt, auf einen wirklich geschehen oder doch als wirklich geschehen angenommenen Fall weiter angewendet wird. —"Ich mache, sprach ein höhnischer Reimer zu dem Dichter, in einem Jahre sieben Trauerspiele, aber du? In sieben Jahren eines! Recht, nur eines! versetzte der Dichter, aber eine (Athalie)!"—Man mache dieses zur Anwendung der vorigen Fabel, und die Fabel wird (zusammengesetzt). Denn sie besteht nunmehr gleichsam aus zwei Fabeln, aus (zwei) einzeln Fällen, in welchen beiden ich die Wahrheit ebendesselben Lehrsatzes bestätiget finde.

Diese Einteilung aber—kaum brauche ich es zu erinnern—beruhet nicht auf einer wesentlichen Verschiedenheit der Fabeln selbst, sondern bloß auf der verschiedenen Bearbeitung derselben. Und aus dem Exempel schon hat man es ersehen, daß ebendieselbe Fabel bald (einfach), bald (zusammengesetzt) sein kann. Bei dem (Phaedrus) ist die Fabel (von dem kreisenden Berge) eine (einfache) Fabel.

—- Hoc scriptum est tibi,
Qui magna cum minaris, extricas nihil.

Ein jeder, ohne Unterschied, der große und fürchterliche Anstalten einer Nichtswürdigkeit wegen macht, der sehr weit ausholt, um einen sehr kleinen Sprung zu tun, jeder Prahler, jeder vielversprechende Tor, von allen möglichen Arten, siehet hier sein Bild! Bei unserm (Hagedorn) aber wird ebendieselbe Fabel zu einer (zusammengesetzten) Fabel, indem er einen gebärenden schlechten Poeten zu dem besondern Gegenbilde des kreisenden Berges macht.

Ihr Götter rettet! Menschen flieht!
Ein schwangrer Berg beginnt zu kreisen,

Und wird itzt, eh man sich's versieht,
Mit Sand und Schollen um sich schmeißen etc.

— — —-

Suffenus schwitzt und lärmt und schäumt:
Nichts kann den hohen Eifer zähmen;
Er stampft, er knirscht; warum? er reimt,
Und will itzt den Homer beschämen etc.

— — —-

Allein gebt acht, was kömmt heraus?
Hier ein Sonett, dort eine Maus.

Diese Einteilung also, von welcher die Lehrbücher der Dichtkunst ein tiefes Stillschweigen beobachten, ohngeachtet ihres mannigfaltigen Nutzens in der richtigern Bestimmung verschiedener Regeln: diese Einteilung, sage ich, vorausgesetzt, will ich mich auf den Weg machen. Es ist kein unbetretener Weg. Ich sehe eine Menge Fußtapfen vor mir, die ich zum Teil untersuchen muß, wenn ich überall sichere Tritte zu tun gedenke. Und in dieser Absicht will ich sogleich die vornehmsten Erklärungen prüfen, welche meine Vorgänger von der Fabel gegeben haben.

De La Motte

Dieser Mann, welcher nicht sowohl ein großes poetisches Genie als ein guter, aufgeklärter Kopf war, der sich an mancherlei wagen und überall erträglich zu bleiben hoffen durfte, erklärt die Fabel durch eine unter die Allegorie einer Handlung versteckte Lehre [1].

{Fussnote 1: La Fable est une instruction deguisée sous l'allegorie d'une action. Discours sur la fable.}

Als sich der Sohn des stolzen Tarquinius bei den Gabiern nunmehr festgesetzt hatte, schickte er heimlich einen Boten an seinen Vater und ließ ihn fragen, was er weiter tun solle? Der König, als der Bote zu ihm kam, befand sich eben auf dem Felde, hub seinen Stab auf, schlug den höchsten Mahnstängeln die Häupter ab und sprach zu dem Boten: Geh, und erzähle meinem Sohne, was ich itzt getan habe! Der Sohn verstand den stummen Befehl des Vaters und ließ die Vornehmsten der Gabier hinrichten. [2] —Hier ist eine allegorische Handlung—hier ist eine unter die Allegorie dieser Handlung versteckte Lehre: aber ist hier eine Fabel? Kann man sagen, daß Tarquinius seine Meinung dem Sohne durch eine Fabel habe wissen lassen? Gewiß nicht!

{Fussnote 2: Florus. lib. I. cap. 7.}

Jener Vater, der seinen uneinigen Söhnen die Vorteile der Eintracht an einem Bündel Ruten zeigte, das sich nicht anders als stückweise zerbrechen lasse, machte der eine Fabel? [3]

{Fussnote 3: Fabul. Aesop. 171.}

Aber wenn ebenderselbe Vater seinen uneinigen Söhnen erzählt hätte, wie glücklich drei Stiere, solange sie einig waren, den Löwen von sich abhielten und wie bald sie des Löwen Raub wurden, als Zwietracht unter sie kam und jeder sich seine eigene Weide suchte [4]: alsdenn hätte doch der Vater seinen Söhnen ihr Bestes in einer Fabel gezeigt? Die Sache ist klar.

{Fussnote 4: Fab. Aesop. 297.}

Folglich ist es ebenso klar, daß die Fabel nicht bloß eine allegorische Handlung, sondern die Erzählung einer solchen Handlung sein kann. Und dieses ist das erste, was ich wider die Erklärung des de La Motte zu erinnern habe.

Aber was will er mit seiner Allegorie?—Ein so fremdes Wort, womit nur wenige einen bestimmten Begriff verbinden, sollte überhaupt aus einer guten Erklärung verbannt sein. —Und wie, wenn es hier gar nicht einmal an seiner Stelle stünde? Wenn es nicht wahr wäre, daß die Handlung der Fabel an sich selbst allegorisch sei? Und wenn sie es höchstens unter gewissen Umständen nur werden könnte?

Quintilian lehret: Allhgoria, quam Inversionem interpretamur, aliud verbis, aliud sensu ostendit, ac etiam interim contrarium [5]. Die Allegorie sagt das nicht, was sie nach den Worten zu sagen scheinet, sondern etwas anders. Die neuern Lehrer der Rhetorik erinnern, daß dieses etwas andere auf etwas anderes Ähnliches einzuschränken sei, weil sonst auch jede Ironie eine Allegorie sein würde [6]. Die letztern Worte des Quintilians, ac etiam interim contrarium, sind ihnen hierin zwar offenbar zuwider, aber es mag sein.

{Fussnote 5: Quinctilianus lib. VIII. cap. 6.}

{Fussnote 6: Allegoria dicitur, quia allo men agoreuei, allo de noei.
Et istud allo restringi debet ad aliud simile, alias etiam omnis Ironia Allegoria esset.}

Die Allegorie sagt also nicht, was sie den Worten nach zu sagen scheinet, sondern etwas Ähnliches. Und die Handlung der Fabel, wenn sie allegorisch sein soll, muß das auch nicht sagen, was sie zu sagen scheinet, sondern nur etwas Ähnliches?

Wir wollen sehen!—"Der Schwächere wird gemeiniglich ein Raub des Mächtigern." Das ist ein allgemeiner Satz, bei welchem ich mir eine Reihe von Dingen gedenke, deren eines immer stärker ist als das andere, die sich also, nach der Folge ihrer verschiednen Stärke, untereinander aufreiben können. Eine Reihe von Dingen! Wer wird lange und gern den öden Begriff eines Dinges denken, ohne auf dieses oder jenes besondere Ding zu fallen, dessen Eigenschaften ihm ein deutliches Bild gewähren? Ich will also auch hier anstatt dieser Reihe von unbestimmten Dingen eine Reihe bestimmter, wirklicher Dinge annehmen. Ich könnte mir in der Geschichte eine Reihe von Staaten oder Königen suchen; aber wie viele sind in der Geschichte so bewandert, daß sie, sobald ich meine Staaten oder Könige nur nennte, sich der Verhältnisse, in welchen sie gegeneinander an Größe und Macht gestanden, erinnern könnten? Ich würde meinen Satz nur wenigen faßlicher gemacht haben, und ich möchte ihn gern allen so faßlich als möglich machen. Ich falle auf die Tiere, und warum sollte ich nicht eine Reihe von Tieren wählen dürfen, besonders wenn es allgemein bekannte Tiere wären? Ein Auerhahn—ein Marder—ein Fuchs—ein Wolf— Wir kennen diese Tiere, wir dürfen sie nur nennen hören, um sogleich zu wissen, welches das stärkere oder das schwächere ist. Nunmehr heißt mein Satz: der Marder frißt den Auerhahn, der Fuchs den Marder, den Fuchs der Wolf. Er frißt? Er frißt vielleicht auch nicht. Das ist mir noch nicht gewiß genug. Ich sage also: er fraß. Und siehe, mein Satz ist zur Fabel geworden!

Ein Marder fraß den Auerhahn,
Den Marder würgt ein Fuchs, den Fuchs des Wolfes Zahn.
[7]

{Fussnote 7: von Hagedorn: Fabeln und Erzehlungen, erstes Buch. S. 77.}

Was kann ich nun sagen, daß in dieser Fabel für eine Allegorie liege? Der Auerhahn, der Schwächste; der Marder, der Schwache; der Fuchs, der Starke; der Wolf, der Stärkste.

Was hat der Auerhahn mit dem Schwächsten, der Marder mit dem Schwachen usw. hier Ähnliches? Ähnliches! Gleichet hier bloß der Fuchs dem Starken und der Wolf dem Stärksten, oder ist jener hier der Starke so wie dieser der Stärkste? Er ist es. — Kurz, es heißt die Worte auf eine kindische Art mißbrauchen, wenn man sagt, daß das Besondere mit seinem Allgemeinen, das Einzelne mit seiner Art, die Art mit ihrem Geschlechte eine Ähnlichkeit habe. Ist dieser Windhund einem Windhunde überhaupt, und ein Windhund überhaupt einem Hunde ähnlich? Eine lächerliche Frage! —Findet sich nun aber unter den bestimmten Subjekten der Fabel, und den allgemeinen Subjekten ihres Satzes keine Ähnlichkeit, so kann auch keine Allegorie unter ihnen statthaben. Und das nämliche läßt sich auf die nämliche Art von den beiderseitigen Prädikaten erweisen.

Vielleicht aber meiner jemand, daß die Allegorie hier nicht auf der Ähnlichkeit zwischen den bestimmten Subjekten oder Prädikaten der Fabel und den allgemeinen Subjekten oder Prädikaten des Satzes, sondern auf der Ähnlichkeit der Arten, wie ich ebendieselbe Wahrheit itzt durch die Bilder der Fabel und itzt vermittelst der Worte des Satzes erkenne, beruhe. Doch das ist soviel als nichts. Denn käme hier die Art der Erkenntnis in Betrachtung und wollte man bloß wegen der anschauenden Erkenntnis, die ich vermittelst der Handlung der Fabel von dieser oder jener Wahrheit erhalte, die Handlung allegorisch nennen: so würde in allen Fabeln ebendieselbe Allegorie sein, welches doch niemand sagen will, der mit diesem Worte nur einigen Begriff verbindet.

Ich befürchte, daß ich von einer so klaren Sache viel zuviel Worte mache. Ich fasse daher alles zusammen und sage: die Fabel als eine einfache Fabel kann unmöglich allegorisch sein.

Man erinnere sich aber meiner obigen Anmerkung, nach welcher eine jede einfache Fabel auch eine zusammengesetzte werden kann. Wie, wenn sie alsdenn allegorisch würde? Und so ist es. Denn in der zusammengesetzten Fabel wird ein Besonderes gegen das andre gehalten; zwischen zwei oder mehr Besondern, die unter ebendemselben Allgemeinen begriffen sind, ist die Ähnlichkeit unwidersprechlich, und die Allegorie kann folglich stattfinden. Nur muß man nicht sagen, daß die Allegorie zwischen der Fabel und dem moralischen Satze sich befinde. Sie befindet sich zwischen der Fabel und dem wirklichen Falle, der zu der Fabel Gelegenheit gegeben hat, insofern sich aus beiden ebendieselbe Wahrheit ergibt. —Die bekannte Fabel vom Pferde, das sich von dem Manne den Zaum anlegen ließ und ihn auf seinen Rücken nahm, damit er ihm nur in seiner Rache, die es an dem Hirsche nehmen wollte, behülflich wäre: diese Fabel sage ich, ist sofern nicht allegorisch, als ich mit dem Phaedrus [8] bloß die allgemeine Wahrheit daraus ziehe:

{Fussnote 8: Lib. IV. fab. 3.}

Impune potius laedi, quam dedi alteri.

Bei der Gelegenheit nur, bei welcher sie ihr Erfinder Stesichorus erzählte, ward sie es. Er erzählte sie nämlich, als die Himerenser den Phalaris zum obersten Befehlshaber ihrer Kriegsvölker gemacht hatten und ihm noch dazu eine Leibwache geben wollten. "O ihr Himerenser, rief er, die ihr so fest entschlossen seid, euch an euren Feinden zu rächen; nehmet euch wohl in acht, oder es wird euch wie diesem Pferde ergehen! Den Zaum habt ihr euch bereits anlegen lassen, indem ihr den Phalaris zu eurem Heerführer mit unumschränkter Gewalt ernannt. Wollt ihr ihm nun gar eine Leibwache geben, wollt ihr ihn aufsitzen lassen, so ist es vollends um eure Freiheit getan." [9] —Alles wird hier allegorisch! Aber einzig und allein dadurch, daß das Pferd hier nicht auf jeden Beleidigten, sondern auf die beleidigten Himerenser; der Hirsch nicht auf jeden Beleidiger, sondern auf die Feinde der Himerenser; der Mann nicht auf jeden listigen Unterdrücker, sondern auf den Phalaris; die Anlegung des Zaums nicht auf jeden ersten Eingriff in die Rechte der Freiheit, sondern auf die Ernennung des Phalaris zum unumschränkten Heerführer; und das Aufsitzen endlich nicht auf jeden letzten tödlichen Stoß, welcher der Freiheit beigebracht wird, sondern auf die dem Phalaris zu bewilligende Leibwache gezogen und angewandt wird.

{Fussnote 9: Aristoteles Rhetor. lib. II. cap. 20.}

Was folgt nun aus alle dem? Dieses: da die Fabel nur alsdenn allegorisch wird, wenn ich dem erdichteten einzeln Falle, den sie enthält, einen andern ähnlichen Fall, der sich wirklich zugetragen hat, entgegenstelle, da sie es nicht an und für sich selbst ist, insofern sie eine allgemeine moralische Lehre enthält, so gehöret das Wort Allegorie gar nicht in die Erklärung derselben.—Dieses ist das zweite, was ich gegen die Erklärung des de La Motte zu erinnern habe.

Und man glaube ja nicht, daß ich es bloß als ein müßiges, überflüssiges Wort daraus verdrängen will. Es ist hier, wo es steht, ein höchst schädliches Wort, dem wir vielleicht eine Menge schlechter Fabeln zu danken haben. Man begnüge sich nur, die Fabel, in Ansehung des allgemeinen Lehrsatzes, bloß allegorisch zu machen, und man kann sicher glauben, eine schlechte Fabel gemacht zu haben. Ist aber eine schlechte Fabel eine Fabel?—Ein Exempel wird die Sache in ihr völliges Licht setzen. Ich wähle ein altes, um ohne Mißgunst recht haben zu können. Die Fabel nämlich von dem Mann und dem Satyr. "Der Mann bläset in seine kalte Hand, um seine Hand zu wärmen, und bläset in seinen heißen Brei, um seinen Brei zu kühlen. Was? sagt der

Satyr, du bläsest aus einem Munde warm und kalt? Geh, mit dir mag ich nichts zu tun haben!" [10] — Diese Fabel soll lehren, oti dei jeugein hmaV taV jiliaV, wn amjiboloV estin h diaJesiV; die Freundschaft aller Zweizüngler, aller Doppelleute, aller Falschen zu fliehen. Lehrt sie das? Ich bin nicht der erste, der es leugnet und die Fabel für schlecht ausgibt.

{Fussnote 10: Fab. Aesop. 126}

Richer [11] sagt, sie sündige wider die Richtigkeit der Allegorie; ihre Moral sei weiter nichts als eine Anspielung und gründe sich auf eine bloße Zweideutigkeit. Richer hat richtig empfunden, aber seine Empfindung falsch ausgedrückt. Der Fehler liegt nicht sowohl darin, daß die Allegorie nicht richtig genug ist, sondern darin, daß es weiter nichts als eine Allegorie ist. Anstatt daß die Handlung des Mannes, die dem Satyr so anstößig scheinet, unter dem allgemeinen Subjekte des Lehrsatzes wirklich begriffen sein sollte, ist sie ihm bloß ähnlich. Der Mann sollte sich eines wirklichen Widerspruchs schuldig machen, und der Widerspruch ist nur anscheinend. Die Lehre warnet uns vor Leuten, die von ebenderselben Sache ja und nein sagen, die ebendasselbe Ding loben und tadeln: und die Fabel zeiget uns einen Mann, der seinen Atem gegen verschiedene Dinge verschieden braucht, der auf ganz etwas anders itzt seinen Atem warm haucht, und auf ganz etwas anders ihn itzt kalt bläset.

{Fussnote 11: — contre la justesse de l'allegorie. — Sa morale n'est qu'une allusion, et n'est fondée que sur un jeu de mots équivoque. Fables nouvelles, Preface, p. 10.}

Endlich, was läßt sich nicht alles allegorisieren! Man nenne mir das abgeschmackte Märchen, in welches ich durch die Allegorie nicht einen moralischen Sinn sollte legen können!

—"Die Mitknechte des Aesopus gelüstet nach den trefflichen Feigen ihres Herrn. Sie essen sie auf, und als es zur Nachfrage kömmt, soll es der gute Aesop getan haben. Sich zu rechtfertigen, trinket Aesop in großer Menge laues Wasser, und seine Mitknechte müssen ein Gleiches tun. Das laue Wasser hat seine Wirkung, und die Näscher sind entdeckt."—- Was lehrt uns dieses Histörchen? Eigentlich wohl weiter nichts, als daß laues Wasser, in großer Menge getrunken, zu einem Brechmittel werde? Und doch machte jener persische Dichter [12] einen weit edlern Gebrauch davon. "Wenn man euch", spricht er, "an jenem großen Tage des Gerichts, von diesem warmen und siedenden Wasser wird zu trinken geben: alsdenn wird alles an den Tag kommen, was ihr mit so vieler Sorgfalt vor den Augen der Welt verborgen gehalten; und der Heuchler, den hier seine Verstellung zu einem ehrwürdigen Manne gemacht hatte, wird mit Schande und Verwirrung überhäuft dastehen!"— Vortrefflich!

{Fussnote 12: Herbelot Bibl. Orient. p. 516. Lorsque l'on vous donnera à boire de cette eau chaude et brulante, dans la question du Jugement dernier, tout ce que vous avez caché avec tant de soin, paroitra aux yeux de tout le monde, et celui qui aura acquis de l'estime par son hypocrisie et par son deguisement, sera pour lors couvert de honte er de confusion.}

Ich habe nun noch eine Kleinigkeit an der Erklärung des de La Motte auszusetzen. Das Wort Lehre (instruction) ist zu unbestimmt und allgemein. Ist jeder Zug aus der Mythologie, der auf eine physische Wahrheit anspielet oder in den ein tiefsinniger Baco wohl gar eine transzendentalische Lehre zu legen weiß, eine Fabel? Oder wenn der seltsame Holberg erzählet: "Die Mutter des Teufels übergab ihm einsmals vier Ziegen, um sie in ihrer

Abwesenheit zu bewachen. Aber diese machten ihm so viel zu tun, daß er sie mit aller seiner Kunst und Geschicklichkeit nicht in der Zucht halten konnte. Diesfalls sagte er zu seiner Mutter nach ihrer Zurückkunft: Liebe Mutter, hier sind Eure Ziegen! Ich will lieber eine ganze Compagnie Reuter bewachen als eine einzige Ziege!"—Hat Holberg eine Fabel erzählet? Wenigstens ist eine Lehre in diesem Dinge. Denn er setzet selbst mit ausdrücklichen Worten dazu: "Diese Fabel zeiget, daß keine Kreatur weniger in der Zucht zu halten ist als eine Ziege." [13]—Eine wichtige Wahrheit! Niemand hat die Fabel schändlicher gemißhandelt als dieser Holberg!—Und es mißhandelt sie jeder, der, eine andere als moralische Lehre darin vorzutragen, sich einfallen läßt.

{Fussnote 13: Moralische Fabeln des Baron von Holbergs, S. 103.}

Richer

Richer ist ein andrer französischer Fabulist, der ein wenig besser erzählet als de La Motte, in Ansehung der Erfindung aber weit unter ihm stehet. Auch dieser hat uns seine Gedanken über diese Dichtungsart nicht vorenthalten wollen und erklärt die Fabel durch ein kleines Gedicht, das irgendeine unter einem allegorischen Bilde versteckte Regel enthalte [1].

{Fussnote 1: La Fable est un petit Poeme qui contient un precepte caché sous une image allegorique. Fables nouvelles, Preface, p. 9.}

Richer hat die Erklärung des de La Motte offenbar vor Augen gehabt. Und vielleicht hat er sie gar verbessern wollen. Aber das ist ihm sehr schlecht gelungen.

Ein kleines Gedicht (Poeme)? — Wenn Richer das Wesen eines Gedichts in die bloße Fiktion setzt: so bin ich es zufrieden, daß er die Fabel ein Gedicht nennet. Wenn er aber auch die poetische Sprache und ein gewisses Silbenmaß als notwendige Eigenschaften eines Gedichtes betrachtet: so kann ich seiner Meinung nicht sein. — Ich werde mich weiter unten hierüber ausführlicher erklären.

Eine Regel (Precepte)? — Dieses Wort ist nichts bestimmter als das Wort Lehre des de La Motte. Alle Künste, alle Wissenschaften haben Regeln, haben Vorschriften. Die Fabel aber stehet einzig und allein der Moral zu. Von einer andern Seite hingegen betrachtet, ist Regel oder Vorschrift hier sogar noch schlechter als Lehre; weil man unter Regel und Vorschrift eigentlich nur solche Sätze verstehet, die unmittelbar auf die Bestimmung unsers Tuns und Lassens gehen. Von dieser Art aber sind nicht alle moralische Lehrsätze der Fabel. Ein großer Teil derselben sind Erfahrungssätze, die uns nicht sowohl von dem, was geschehen sollte, als vielmehr von dem, was wirklich geschiehet, unterrichten. Ist die Sentenz:

In principatu commutando civium
Nil praeter domini nomen mutant pauperes

eine Regel, eine Vorschrift? Und gleichwohl ist sie das Resultat einer von den schönsten Fabeln des Phaedrus [2]. Es ist zwar wahr, aus jedem solchen Erfahrungssatze können leicht eigentliche Vorschriften und Regeln gezogen werden. Aber was in dem fruchtbaren Satze liegt, das liegt nicht darum auch in der Fabel. Und was müßte das für eine Fabel sein, in welcher ich den Satz mit allen seinen Folgerungen auf einmal anschauend erkennen sollte?

{Fussnote 2: Libri I. Fab. 15.}

Unter einem allegorischen Bilde? — Über das Allegorische habe ich mich bereits erkläret. Aber Bild (Image)! Unmöglich kann Richer dieses Wort mit Bedacht gewählt haben. Hat er es vielleicht nur ergriffen, um von de La Motte lieber auf Geratewohl abzugehen, als nach ihm recht zu haben? — Ein Bild heißt überhaupt jede sinnliche Vorstellung eines Dinges nach einer einzigen ihm zukommenden Veränderung. Es zeigt mir nicht mehrere oder gar alle mögliche Veränderungen, deren das Ding fähig ist, sondern allein die, in der es sich in einem und ebendemselben Augenblicke befindet. In einem Bilde kann ich zwar also wohl eine moralische Wahrheit erkennen, aber es ist darum noch keine Fabel. Der mitten im Wasser dürstende Tantalus ist ein Bild, und ein Bild, das mir die Möglichkeit zeiget, man könne auch bei dem größten Überflusse darben. Aber ist dieses Bild deswegen eine Fabel? So auch folgendes kleine Gedicht:

Cursu veloci pendens in novacula,
Calvus, comosa fronte, nudo corpore,
Quem si occuparis, teneas; elapsum semel
Non ipse possit Jupiter reprehendere;
Occasionem rerum significat brevem.
Effectus impediret ne segnis mora,
Finxere antiqui talem effigiem temporis.

Wer wird diese Zeilen für eine Fabel erkennen, ob sie schon Phaedrus als eine solche unter seinen Fabeln mit unterlaufen läßt [3]? Ein jedes Gleichnis, ein jedes Emblema würde eine Fabel sein, wenn sie nicht eine Mannigfaltigkeit von Bildern, und zwar zu einem Zwecke übereinstimmenden Bildern, wenn sie, mit einem Worte, nicht das notwendig erforderte, was wir durch das Wort Handlung ausdrücken.

{Fussnote 3: Lib. V. Fab. 8.}

Eine Handlung nenne ich eine Folge von Veränderungen, die zusammen ein
Ganzes ausmachen.

Diese Einheit des Ganzen beruhet auf der Übereinstimmung aller Teile zu einem Endzwecke.

Der Endzweck der Fabel, das, wofür die Fabel erfunden wird, ist der moralische Lehrsatz.

Folglich hat die Fabel eine Handlung, wenn das, was sie erzählt, eine Folge von Veränderungen ist und jede dieser Veränderungen etwas dazu beiträgt, die einzeln Begriffe, aus welchen der moralische Lehrsatz bestehet, anschauend erkennen zu lassen.

Was die Fabel erzählt, muß eine Folge von Veränderungen sein. Eine Veränderung oder auch mehrere Veränderungen, die nur nebeneinander bestehen und nicht aufeinander folgen, wollen zur Fabel nicht zureichen. Und ich kann es für eine untriegliche Probe ausgeben, daß eine Fabel schlecht ist, daß sie den Namen der Fabel gar nicht verdient, wenn ihre vermeinte Handlung sich ganz malen läßt. Sie enthält alsdenn ein bloßes Bild, und der Maler hat keine Fabel, sondern ein Emblema gemalt.—"Ein Fischer, indem er sein Netz aus dem Meere zog, blieb der größern Fische, die sich darin gefangen hatten, zwar habhaft, die kleinsten aber schlupften durch das Netz durch und gelangten glücklich wieder ins Wasser."—Diese Erzählung befindet sich unter den aesopischen Fabeln [4], aber sie ist keine Fabel, wenigstens eine sehr mittelmäßige. Sie hat keine Handlung, sie enthält ein bloßes einzelnes Faktum, das sich ganz malen läßt; und wenn ich dieses einzelne Faktum, dieses Zurückbleiben der größern und dieses Durchschlupfen der kleinen Fische, auch mit noch so viel andern Umständen erweiterte, so würde doch in ihm allein, und nicht in den andern Umständen zugleich mit, der moralische Lehrsatz liegen.

{Fussnote 4: Fab. Aesop. 154}

Doch nicht genug, daß das, was die Fabel erzählt, eine Folge von Veränderungen ist, alle diese Veränderungen müssen zusammen nur einen einzigen anschauenden Begriff in mir erwecken. Erwecken sie deren mehrere, liegt mehr als ein moralischer Lehrsatz in der vermeinten Fabel, so fehlt der Handlung ihre Einheit, so fehlt ihr das, was sie eigentlich zur Handlung macht, und kann, richtig zu sprechen, keine Handlung, sondern muß eine Begebenheit heißen. — Ein Exempel:

Lucernam fur accendit ex ara Jovis,
Ipsumque compilavit ad lumen suum;
Onustus qui sacrilegio cum discederet,
Repente vocem sancta misit Religio:
Malorum quamvis ista fuerint munera,
Mihique invisa, ut non offendar subripi;
Tamen, sceleste, spiritu culpam lues,
Olim cum adscriptus venerit poenae dies.
Sed ne ignis noster facinori praeluceat,
Per quem verendos excolit pietas Deos,
Veto esse tale luminis commercium.
Ita hodie, nec lucernam de flamma Deûm
Nec de lucerna fas est accendi sacrum.

Was hat man hier gelesen? Ein Histörchen, aber keine Fabel. Ein Histörchen trägt sich zu, eine Fabel wird erdichtet. Von der Fabel also muß sich ein Grund angeben lassen, warum sie erdichtet worden, da ich den Grund, warum sich jenes zugetragen, weder zu wissen noch anzugeben gehalten bin. Was wäre nun der Grund, warum diese Fabel erdichtet worden, wenn es anders eine Fabel wäre? Recht billig zu urteilen, könnte es kein andrer als dieser sein: der Dichter habe einen wahrscheinlichen Anlaß zu dem doppelten Verbote, weder von dem heiligen Feuer ein gemeines Licht noch von einem gemeinen Lichte das heilige Feuer anzuzünden, erzählen wollen. Aber wäre das eine moralische Absicht, dergleichen der Fabulist doch notwendig haben soll? Zur Not könnte zwar dieses einzelne Verbot zu einem Bilde des allgemeinen Verbots dienen, daß das Heilige mit dem Unheiligen, das Gute mit dem Bösen in keiner Gemeinschaft stehen soll. Aber was tragen alsdenn die übrigen Teile der Erzählung zu diesem Bilde bei? Zu diesem gar nichts, sondern ein jeder ist vielmehr das Bild, der einzelne Fall einer ganz andern allgemeinen Wahrheit. Der Dichter hat es selbst empfunden und hat sich aus der Verlegenheit, welche Lehre er allein daraus ziehen solle, nicht besser zu reißen gewußt, als wenn er deren so viele daraus zöge als sich nur immer ziehen ließen. Denn er schließt:

Quot res contineat hoc argumentum utiles,
Non explicabit alius, quam qui repperit.
Significat primo, saepe, quos ipse alueris,
Tibi inveniri maxime contrarios.
Secundo ostendit, scelera non ira Deûm,
Fatorum dicto sed puniri tempore.
Novissime interdicit, ne cum malefico
Usum bonus consociet ullius rei.

Eine elende Fabel, wenn niemand anders als ihr Erfinder es erklären kann, wieviel nützliche Dinge sie enthalte! Wir hätten an einem genug! —Kaum sollte man es glauben, daß einer von den Alten, einer von diesen großen Meistern in der Einfalt ihrer Plane, uns dieses Histörchen für eine Fabel [5] verkaufen können.

{Fussnote 5: Phaedrus libr. IV. Fab. 10}

Breitinger

Ich würde von diesem großen Kunstrichter nur wenig gelernt haben, wenn er in meinen Gedanken noch überall recht hätte. — Er gibt uns aber eine doppelte Erklärung von der Fabel [1]. Die eine hat er von dem de La Motte entlehnet, und die andere ist ihm ganz eigen.

{Fussnote 1: Der Critischen Dichtkunst ersten Bandes siebender
Abschnitt, S. 194.}

Nach jener versteht er unter der Fabel eine unter der wohlgeratenen Allegorie einer ähnlichen Handlung verkleidete Lehre und Unterweisung. — Der klare, übersetzte de La Motte! Und der ein wenig gewässerte: könnte man noch dazusetzen. Denn was sollen die Beiwörter: wohlgeratene Allegorie, ähnliche Handlung? Sie sind höchst überflüssig.

Doch ich habe eine andere wichtigere Anmerkung auf ihn versparet. Richer sagt: die Lehre solle unter dem allegorischen Bilde versteckt (caché) sein. Versteckt! welch ein unschickliches Wort! In manchem Rätsel sind Wahrheiten, in den Pythagorischen Denksprüchen sind moralische Lehren versteckt, aber in keiner Fabel. Die Klarheit, die Lebhaftigkeit, mit welcher die Lehre aus allen Teilen einer guten Fabel auf einmal hervorstrahlet, hätte durch ein ander Wort als durch das ganz widersprechende versteckt ausgedrückt zu werden verdienet. Sein Vorgänger de La Motte hatte sich um ein gut Teil feiner erklärt; er sagt doch nur verkleidet (deguisé). Aber auch verkleidet ist noch viel zu unrichtig, weil auch verkleidet den Nebenbegriff einer mühsamen Erkennung mit sich führet. Und es muß gar keine Mühe kosten, die Lehre in der Fabel zu erkennen; es müßte vielmehr, wenn ich so reden darf, Mühe und Zwang kosten, sie darin nicht zu erkennen. Aufs höchste würde sich dieses verkleidet nur in Ansehung der zusammengesetzten Fabel entschuldigen lassen. In Ansehung der einfachen ist es durchaus nicht zu dulden. Von zwei ähnlichen einzeln Fällen kann zwar einer durch den andern ausgedrückt, einer in den andern verkleidet werden: aber wie man das Allgemeine in das Besondere verkleiden könne, das begreife ich ganz und gar nicht. Wollte man mit aller Gewalt ein ähnliches Wort hier brauchen, so müßte es anstatt verkleiden wenigstens einkleiden heißen.

Von einem deutschen Kunstrichter hätte ich überhaupt dergleichen figürliche Wörter in einer Erklärung nicht erwartet. Ein Breitinger hätte es den schön vernünftelnden Franzosen überlassen sollen, sich damit aus dem Handel zu wickeln; und ihm würde es sehr wohl angestanden haben, wenn er uns mit den trocknen Worten der Schule belehrt hätte, daß die moralische Lehre in die Handlung weder versteckt noch verkleidet, sondern durch sie der anschauenden Erkenntnis fähig gemacht werde. Ihm würde es erlaubt gewesen sein, uns von der Natur dieser auch der rohesten Seele zukommenden Erkenntnis, von der mit ihr verknüpften schnellen Überzeugung, von ihrem daraus entspringenden mächtigen Einflusse auf den Willen das Nötige zu lehren. Eine Materie, die durch den ganzen spekulativischen Teil der Dichtkunst von dem größten Nutzen ist und von unserm Weltweisen schon gnugsam erläutert war [2]! — Was Breitinger aber damals unterlassen, das ist mir, itzt nachzuholen, nicht mehr erlaubt. Die philosophische Sprache ist seitdem unter uns so bekannt geworden, daß ich mich der Wörter anschauen, anschauender Erkenntnis gleich von Anfange als solcher Wörter ohne Bedenken habe bedienen dürfen, mit welchen nur wenige nicht einerlei Begriff verbinden.

{Fussnote 2: Ich kann meine Verwunderung nicht bergen, daß Herr Breitinger das, was Wolf schon damals von der Fabel gelehrt hatte, auch nicht im geringsten gekannt zu haben scheinet. Wolfii Philosophiae practicae universalis pars posterior §§ 302-323. Dieser Teil erschien 1739, und die Breitingersche Dichtkunst erst das Jahr darauf.}

Ich käme zu der zweiten Erklärung, die uns Breitinger von der Fabel gibt. Doch ich bedenke, daß ich diese bequemer an einem andern Orte werde untersuchen können. — Ich verlasse ihn also.

Batteux

Batteux erkläret die Fabel kurzweg durch die Erzählung einer allegorischen Handlung [1]. Weil er es zum Wesen der Allegorie macht, daß sie eine Lehre oder Wahrheit verberge, so hat er ohne Zweifel geglaubt, des moralischen Satzes, der in der Fabel zum Grunde liegt, in ihrer Erklärung gar nicht erwähnen zu dürfen. Man siehet sogleich, was von meinen bisherigen Anmerkungen auch wider diese Erklärung anzuwenden ist. Ich will mich daher nicht wiederholen, sondern bloß die fernere Erklärung, welche Batteux von der Handlung gibt, untersuchen.

{Fussnote 1: Principes de Litterature, Tome II. I. Partie p. V.

L'Apologue est le recit d'une action allegorique etc.}

"Eine Handlung, sagt Batteux, ist eine Unternehmung, die mit Wahl und
Absicht geschiehet.—Die Handlung setzet, außer dem Leben und der
Wirksamkeit, auch Wahl und Endzweck voraus und kömmt nur vernünftigen
Wesen zu."

Wenn diese Erklärung ihre Richtigkeit hat, so mögen wir nur neun Zehnteile von allen existierenden Fabeln ausstreichen. Aesopus selbst wird alsdann deren kaum zwei oder drei gemacht haben, welche die Probe halten.—"Zwei Hähne kämpfen miteinander. Der Besiegte verkriecht sich. Der Sieger fliegt auf das Dach, schlägt stolz mit den Flügeln und krähet. Plötzlich schießt ein Adler auf den Sieger herab und zerfleischt ihn." [2]—Ich habe das allezeit für eine sehr glückliche Fabel gehalten, und doch fehlt ihr, nach dem Batteux, die Handlung. Denn wo ist hier eine Unternehmung, die mit Wahl und Absicht geschähe?—"Der Hirsch betrachtet sich in einer spiegelnden Quelle, er schämt sich seiner dürren Läufte und freuet sich seines stolzen Geweihes. Aber nicht lange! Hinter ihm ertönet die Jagd, seine dürren Läufte bringen ihn glücklich ins Gehölze, da verstrickt ihn sein stolzes Geweih, er wird erreicht." [3]— Auch hier sehe ich keine Unternehmung, keine Absicht. Die Jagd ist zwar eine Unternehmung, und der fliehende Hirsch hat die Absicht, sich zu retten, aber beide Umstände gehören eigentlich nicht zur Fabel, weil man sie, ohne Nachteil derselben, weglassen und verändern kann. Und dennoch fehlt es ihr nicht an Handlung. Denn die Handlung liegt in dem falsch befundenen Urteile des Hirsches. Der Hirsch urteilet falsch und lernet gleich darauf aus der Erfahrung, daß er falsch geurteilet habe. Hier ist also eine Folge von Veränderungen, die einen einzigen anschauenden Begriff in mir erwecken. — Und das ist meine obige Erklärung der Handlung, von der ich glaube, daß sie auf alle gute Fabeln passen wird.

{Fussnote 2: Aesop. Fab. 145.}

{Fussnote 3: Fab. Aesop. 181.}

Gibt es aber doch wohl Kunstrichter, welche einen noch engern, und zwar so materiellen Begriff mit dem Worte Handlung verbinden, daß sie nirgends Handlung sehen, als wo die Körper so tätig sind, daß sie eine gewisse Veränderung des Raumes erfordern. Sie finden in keinem Trauerspiele Handlung, als wo der Liebhaber zu Füßen fällt, die Prinzessin ohnmächtig wird, die Helden sich balgen, und in keiner Fabel, als wo der Fuchs springt, der Wolf zerreißet und der Frosch die Maus sich an das Bein bindet. Es hat ihnen nie beifallen wollen, daß auch jeder innere Kampf von Leidenschaften, jede Folge von verschiedenen Gedanken, wo eine die andere aufhebt, eine Handlung sei; vielleicht weil sie viel zu mechanisch denken und fühlen, als daß sie sich irgendeiner Tätigkeit dabei bewußt wären. — Ernsthafter sie zu widerlegen würde eine unnütze Mühe sein. Es ist aber nur schade, daß sie sich einigermaßen mit dem Batteux schützen, wenigstens behaupten können, ihre Erklärung mit ihm aus einerlei Fabeln abstrahieret zu haben. Denn wirklich, auf welche Fabel die Erklärung des Batteux passet, passet auch ihre, so abgeschmackt sie immer ist.

Batteux, wie ich wohl darauf wetten wollte, hat bei seiner Erklärung nur die erste Fabel des Phaedrus vor Augen gehabt, die er, mehr als einmal, une des plus belles et des plus celebres de l'antiquité nennet. Es ist wahr, in dieser ist die Handlung ein Unternehmen, das mit Wahl und Absicht geschiehet. Der Wolf nimmt sich vor, das Schaf zu zerreißen, fauce improba incitatus; er will es aber nicht so plump zu, er will es mit einem Scheine des Rechts tun, und also jurgii causam intulit. —Ich spreche dieser Fabel ihr Lob nicht ab; sie ist so vollkommen, als sie nur sein kann. Allein sie ist nicht deswegen vollkommen, weil ihre Handlung ein Unternehmen ist, das mit Wahl und Absicht geschieht, sondern weil sie ihrer Moral, die von einem solchen Unternehmen spricht, ein völliges Genüge tut. Die Moral ist [4]: οἱς προθέσις ἀδικεῖν, παρ' αὐτοῖς οὐ δικαιολογία ἰσχύει. Wer den Vorsatz hat, einen Unschuldigen zu unterdrücken, der wird es zwar mit εὐλόγου αἰτίας zu tun suchen; er wird einen scheinbaren Vorwand wählen, aber sich im geringsten nicht von seinem einmal gefaßten Entschlusse abbringen lassen, wenn sein Vorwand gleich völlig zuschanden gemacht wird. Diese Moral redet von einem Vorsatze (dessein); sie redet von gewissen, vor andern vorzüglich gewählten Mitteln, diesen Vorsatz zu vollführen (choix): und folglich muß auch in der Fabel etwas sein, was diesem Vorsatze, diesen gewählten Mitteln entspricht; es muß in der Fabel sich ein Unternehmen finden, das mit Wahl und Absicht geschiehet. Bloß dadurch wird sie zu einer vollkommenen Fabel, welches sie nicht sein würde, wenn sie den geringsten Zug mehr oder weniger enthielte als, den Lehrsatz anschauend zu machen, nötig ist. Batteux bemerkt alle ihre kleinen Schönheiten des Ausdrucks und stellt sie von dieser Seite in ein sehr vorteilhaftes Licht; nur ihre wesentliche Vortrefflichkeit läßt er unerörtert und verleitet seine Leser sogar, sie zu verkennen. Er sagt nämlich, die Moral, die aus dieser Fabel fließe, sei: que le plus faible est souvent opprimé par le plus fort. Wie seicht! Wie falsch! Wenn sie weiter nichts als dieses lehren sollte, so hätte wahrlich der Dichter die fictae causae des Wolfs sehr vergebens, sehr für die Langeweile erfunden; seine Fabel sagte mehr, als er damit hätte sagen wollen, und wäre, mit einem Worte, schlecht.

{Fussnote 4: Fab. Aesop. 230.}

Ich will mich nicht in mehrere Exempel zerstreuen. Man untersuche es nur selbst, und man wird durchgängig finden, daß es bloß von der Beschaffenheit des Lehrsatzes abhängt, ob die Fabel eine solche Handlung, wie sie Batteux ohne Ausnahme fodert, haben muß oder entbehren kann. Der Lehrsatz der itzt erwähnten Fabel des Phaedrus machte sie, wie wir gesehen, notwendig, aber tun es deswegen alle Lehrsätze? Sind alle Lehrsätze von dieser Art? Oder haben allein die, welche es sind, das Recht, in eine Fabel eingekleidet zu werden? Ist z. E. der Erfahrungssatz

Laudatis utiliora quae contemseris
Saepe inveniri

nicht wert, in einem einzeln Falle, welcher die Stelle einer Demonstration vertreten kann, erkannt zu werden? Und wenn er es ist, was für ein Unternehmen, was für eine Absicht, was für eine Wahl liegt darin, welche der Dichter auch in der Fabel auszudrücken gehalten wäre?

So viel ist wahr: wenn aus einem Erfahrungssatze unmittelbar eine Pflicht, etwas zu tun oder zu lassen, folget, so tut der Dichter besser, wenn er die Pflicht, als wenn er den bloßen Erfahrungssatz in seiner Fabel ausdrückt. —"Groß sein ist nicht immer ein Glück"—diesen Erfahrungssatz in eine schöne Fabel zu bringen möchte kaum möglich sein. Die obige Fabel von dem Fischer, welcher nur der größten Fische habhaft bleibt, indem die kleinern glücklich durch das Netz durchschlupfen, ist, in mehr als einer Betrachtung, ein sehr mißlungener Versuch. Aber wer heißt auch dem Dichter, die Wahrheit von dieser schielenden und unfruchtbaren Seite nehmen? Wenn groß sein nicht immer ein Glück ist, so ist es oft ein Unglück; und wehe dem, der wider seinen Willen groß ward, den das Glück ohne sein Zutun erhob, um ihn ohne sein Verschulden desto elender zu machen! Die großen Fische mußten groß werden; es stand nicht bei ihnen, klein zu bleiben. Ich danke dem Dichter für kein Bild, in welchem ebenso viele ihr Unglück als ihr Glück erkennen. Er soll niemanden mit seinen Umständen unzufrieden machen; und hier macht er doch, daß es die Großen mit den ihrigen sein müssen. Nicht das Großsein, sondern die eitele Begierde groß zu werden (kenodoxian), sollte er uns als eine Quelle des Unglücks zeigen. Und das tat jener Alte [5], der die Fabel von den Mäusen und Wieseln erzählte. "Die Mäuse glaubten, daß sie nur deswegen in ihrem Kriege mit den Wieseln so unglücklich wären, weil sie keine Heerführer hätten, und beschlossen, dergleichen zu wählen. Wie rang nicht diese und jene ehrgeizige Maus, es zu werden! Und wie teuer kam ihr am Ende dieser Vorzug zu stehen! Die Eiteln banden sich Hörner auf,

{Fussnote 5: Fab. Aesop. 243. Phaedrus libr. IV. Fab. 5.}

"— ut conspicuum in praelio Haberent signum, quod sequerentur milites,

"und diese Hörner, als ihr Heer dennoch wieder geschlagen ward, hinderten sie, sich in ihre engen Löcher zu retten,

"Haesere in portis, suntque capti ab hostibus
Quos immolatos victor avidis dentibus
Capacis alvi mersit tartareo specu."

Diese Fabel ist ungleich schöner. Wodurch ist sie es aber anders geworden, als dadurch, daß der Dichter die Moral bestimmter und fruchtbarer angenommen hat? Er hat das Bestreben nach einer eiteln Größe, und nicht die Größe überhaupt, zu seinem Gegenstande gewählet; und nur durch dieses Bestreben, durch diese eitle Größe, ist natürlicherweise auch in seine Fabel das Leben gekommen, das uns so sehr in ihr gefällt.

Überhaupt hat Batteux die Handlung der aesopischen Fabel mit der Handlung der Epopee und des Drama viel zu sehr verwirrt. Die Handlung der beiden letztern muß außer der Absicht, welche der Dichter damit verbindet, auch eine innere, ihr selbst zukommende Absicht haben. Die Handlung der erstern braucht diese innere Absicht nicht, und sie ist vollkommen genug, wenn nur der Dichter seine Absicht damit erreichet. Der heroische und dramatische Dichter machen die Erregung der Leidenschaften zu ihrem vornehmsten Endzwecke. Er kann sie aber nicht anders erregen als durch nachgeahmte Leidenschaften; und nachahmen kann er die Leidenschaften nicht anders, als wenn er ihnen gewisse Ziele setzet, welchen sie sich zu nähern oder von welchen sie sich zu entfernen streben. Er muß also in die Handlung selbst Absichten legen, und diese Absichten unter eine Hauptabsicht so zu bringen wissen, daß verschiedene Leidenschaften nebeneinander bestehen können. Der Fabuliste hingegen hat mit unsern Leidenschaften nichts zu tun, sondern allein mit unserer Erkenntnis. Er will uns von irgendeiner einzeln moralischen Wahrheit lebendig überzeugen. Das ist seine Absicht, und diese sucht er, nach Maßgebung der Wahrheit, durch die sinnliche Vorstellung einer Handlung bald mit, bald ohne Absichten zu erhalten. Sobald er sie erhalten hat, ist es ihm gleichviel, ob die von ihm erdichtete Handlung ihre innere Endschaft erreicht hat oder nicht. Er läßt seine Personen oft mitten auf dem Wege stehen und denket im geringsten nicht daran, unserer Neugierde ihretwegen ein

Genüge zu tun. "Der Wolf beschuldiget den Fuchs eines Diebstahls. Der Fuchs leugnet die Tat. Der Affe soll Richter sein. Kläger und Beklagter bringen ihre Gründe und Gegengründe vor. Endlich schreitet der Affe zum Urteil [6]:

{Fussnote 6: Phaedrus libr. I. Fab. 10.}

"Tu non videris perdidisse, quod petis;
Te credo surripuisse, quod pulchre negas."

Die Fabel ist aus; denn in dem Urteil des Affen lieget die Moral, die der Fabulist zum Augenmerke gehabt hat. Ist aber das Unternehmen aus, das uns der Anfang derselben verspricht? Man bringe diese Geschichte in Gedanken auf die komische Bühne, und man wird sogleich sehen, daß sie durch einen sinnreichen Einfall abgeschnitten, aber nicht geendigt ist. Der Zuschauer ist nicht zufrieden, wenn er voraussiehet, daß die Streitigkeit hinter der Szene wieder von vorne angehen muß. — "Ein armer geplagter Greis ward unwillig, warf seine Last von dem Rücken und rief den Tod. Der Tod erscheinet. Der Greis erschrickt und fühlt betroffen, daß elend leben doch besser als gar nicht leben ist. Nun, was soll ich? fragt der Tod. Ach, lieber Tod, mir meine Last wieder aufhelfen." [7] — Der Fabulist ist glücklich und zu unserm Vergnügen an seinem Ziele. Aber auch die Geschichte? Wie ging es dem Greise? Ließ ihn der Tod leben, oder nahm er ihn mit? Um alle solche Fragen bekümmert sich der Fabulist nicht; der dramatische Dichter aber muß ihnen vorbauen.

{Fussnote 7: Fab. Aesop. 20.}

Und so wird man hundert Beispiele finden, daß wir uns zu einer Handlung für die Fabel mit weit wenigerm begnügen als zu einer Handlung für das Heldengedichte oder das

Drama. Will man daher eine allgemeine Erklärung von der Handlung geben, so kann man unmöglich die Erklärung des Batteux dafür brauchen, sondern muß sie notwendig so weitläuftig machen, als ich es oben getan habe. — Aber der Sprachgebrauch? wird man einwerfen. Ich gestehe es; dem Sprachgebrauche nach heißt gemeiniglich das eine Handlung, was einem gewissen Vorsatze zufolge unternommen wird; dem Sprachgebrauche nach muß dieser Vorsatz ganz erreicht sein, wenn man soll sagen können, daß die Handlung zu Ende sei. Allein was folgt hieraus? Dieses: wem der Sprachgebrauch so gar heilig ist, daß er ihn auf keine Weise zu verletzen wagt, der enthalte sich des Wortes Handlung, insofern es eine wesentliche Eigenschaft der Fabel ausdrücken soll, ganz und gar. —

Und, alles wohl überlegt, dem Rate werde ich selbst folgen. Ich will nicht sagen, die moralische Lehre werde in der Fabel durch eine Handlung ausgedrückt, sondern ich will lieber ein Wort von einem weitern Umfange suchen und sagen, der allgemeine Satz werde durch die Fabel auf einen einzeln Fall zurückgeführet. Dieser einzelne Fall wird allezeit das sein, was ich oben unter dem Worte Handlung verstanden habe; das aber, was Batteux darunter verstehet, wird er nur dann und wann sein. Er wird allezeit eine Folge von Veränderungen sein, die durch die Absicht, die der Fabulist damit verbindet, zu einem Ganzen werden. Sind sie es auch außer dieser Absicht, desto besser! Eine Folge von Veränderungen — daß es aber Veränderungen freier, moralischer Wesen sein müssen, verstehet sich von selbst. Denn sie sollen einen Fall ausmachen, der unter einem Allgemeinen, das sich nur von moralischen Wesen sagen läßt, mit begriffen ist. Und darin hat Batteux freilich recht, daß das, was er die Handlung der Fabel nennet, bloß vernünftigen Wesen zukomme. Nur kömmt es ihnen nicht deswegen zu, weil es ein Unternehmen mit Absicht ist, sondern weil es Freiheit voraussetzt. Denn die Freiheit handelt zwar allezeit aus Gründen, aber nicht allezeit aus Absichten.—-

Sind es meine Leser nun bald müde, mich nichts als widerlegen zu hören? Ich wenigstens bin es. De La Motte, Richer, Breitinger, Batteux sind Kunstrichter von allerlei Art, mittelmäßige, gute, vortreffliche. Man ist in Gefahr, sich auf dem Wege zur Wahrheit zu verirren, wenn man sich um gar keine Vorgänger bekümmert; und man versäumt sich ohne Not, wenn man sich um alle bekümmern will.

Wie weit bin ich? Hui, daß mir meine Leser alles, was ich mir so mühsam erstritten habe, von selbst geschenkt hätten! —In der Fabel wird nicht eine jede Wahrheit, sondern ein allgemeiner moralischer Satz nicht unter die Allegorie einer Handlung, sondern auf einen einzeln Fall nicht versteckt oder verkleidet, sondern so zurückgeführet, daß ich nicht bloß einige Ähnlichkeiten mit dem moralischen Satze in ihm entdecke, sondern diesen ganz anschauend darin erkenne.

Und das ist das Wesen der Fabel? Das ist es, ganz erschöpft? —Ich wollte es gern meine Leser bereden, wenn ich es nur erst selbst glaubte.—Ich lese bei dem Aristoteles [1]: "Eine obrigkeitliche Person durch das Los ernennen ist eben, als wenn ein Schiffsherr, der einen Steuermann braucht, es auf das Los ankommen ließe, welcher von seinen Matrosen es sein sollte, anstatt daß er den allergeschicktesten dazu unter ihnen mit Fleiß aussuchte."—Hier sind zwei besondere Fälle, die unter eine allgemeine moralische Wahrheit gehören. Der eine ist der sich eben itzt äußernde, der andere ist der erdichtete. Ist dieser erdichtete eine Fabel? Niemand wird ihn dafür gelten lassen.—Aber wenn es bei dem Aristoteles so hieße: "Ihr wollt euren Magistrat durch das Los ernennen? Ich sorge, es wird euch gehen wie jenem Schiffsherrn, der, als es ihm an einem Steuermanne fehlte etc." Das verspricht doch eine Fabel? Und warum? Welche Veränderung ist damit vorgegangen? Man betrachte alles genau, und man wird keine finden als diese: Dort ward der Schiffsherr durch ein als wenn eingeführt, er ward bloß als möglich betrachtet; und hier hat er die Wirklichkeit erhalten, es ist hier ein gewisser, es ist jener Schiffsherr.

{Fussnote 1: Aristoteles Rhetor. libr. II. cap. 20.}

Das trifft den Punkt! Der einzelne Fall, aus welchem die Fabel bestehet, muß als wirklich vorgestellet werden. Begnüge ich mich an der Möglichkeit desselben, so ist es ein Beispiel, eine Parabel. — Es verlohnt sich der Mühe, diesen wichtigen Unterschied, aus welchem man allein so viel zweideutigen Fabeln das Urteil sprechen muß, an einigen Exempeln zu zeigen. — Unter den aesopischen Fabeln des Planudes lieset man auch folgendes: "Der Biber ist ein vierfüßiges Tier, das meistens im Wasser wohnt und dessen Geilen in der Medizin von großem Nutzen sind. Wenn nun dieses Tier von den Menschen verfolgt wird und ihnen nicht mehr entkommen kann, was tut es? Es beißt sich selbst die Geilen ab und wirft sie seinen Verfolgern zu. Denn es weiß gar wohl, daß man ihm nur dieserwegen nachstellet und es sein Leben und seine Freiheit wohlfeiler nicht erkaufen kann." [2] — Ist das eine Fabel? Es liegt wenigstens eine vortreffliche Moral darin. Und dennoch wird sich niemand bedenken, ihr den Namen einer Fabel abzusprechen. Nur über die Ursache, warum er ihr abzusprechen sei, werden sich vielleicht die meisten bedenken und uns doch endlich eine falsche angeben. Es ist nichts als eine Naturgeschichte: würde man vielleicht mit dem Verfasser der Critischen Briefe [3] sagen. Aber gleichwohl, würde ich mit ebendiesem Verfasser antworten, handelt hier der Biber nicht aus bloßem Instinkt, er handelt aus freier Wahl und nach reifer Überlegung, denn er weiß es, warum er verfolgt wird (ginwskwn ou carin diwketai). Diese Erhebung des Instinkts zur Vernunft, wenn ich ihm glauben soll, macht es ja eben, daß eine Begegnis aus dem Reiche der Tiere zu einer Fabel wird. Warum wird sie es denn hier nicht? Ich sage: sie wird es deswegen nicht, weil ihr die Wirklichkeit fehlt. Die Wirklichkeit kömmt nur dem Einzeln, dem Individuo zu, und es läßt sich keine Wirklichkeit ohne die Individualität gedenken. Was also hier von dem ganzen Geschlechte der Biber gesagt wird, hätte müssen nur von einem einzigen Biber gesagt werden, und alsdenn wäre es eine Fabel geworden. — Ein ander Exempel: "Die Affen, sagt man, bringen zwei Junge zur Welt, wovon sie das eine sehr heftig lieben und mit aller möglichen Sorgfalt pflegen, das andere hingegen hassen und versäumen. Durch ein sonderbares Geschick aber geschieht es, daß die Mutter das Geliebte unter häufigen Liebkosungen erdrückt, indem das Verachtete glücklich aufwächset." [4] Auch dieses ist aus ebender Ursache, weil das, was nur von einem Individuo gesagt werden sollte, von einer ganzen Art gesagt wird, keine Fabel. Als daher l'Estrange eine Fabel daraus machen wollte, mußte er ihm diese Allgemeinheit nehmen und die Individualität dafür erteilen [5]. "Eine Äffin, erzählt er, hatte zwei Junge; in das eine war sie närrisch verliebt, an dem andern aber war ihr sehr wenig gelegen. Einsmals überfiel sie ein plötzlicher Schrecken. Geschwind rafft sie ihren Liebling auf, nimmt ihn in die Arme, eilt davon, stürzt aber und schlägt mit ihm gegen einen Stein, daß ihm das Gehirn aus dem zerschmetterten Schädel springt. Das andere Junge, um das sie sich im geringsten nicht bekümmert hatte, war ihr von selbst auf den Rücken gesprungen, hatte sich an ihre Schultern angeklammert und kam glücklich davon." — Hier ist alles bestimmt; und was dort nur eine Parabel war, ist hier zur Fabel geworden. — Das schon mehr als einmal angeführte Beispiel von dem Fischer hat den nämlichen Fehler; denn selten hat eine schlechte Fabel einen Fehler allein. Der Fall ereignet sich allezeit, sooft das Netz gezogen wird, daß die Fische, welche kleiner sind als die Gitter des Netzes, durchschlupfen und die größern hängenbleiben. Für sich selbst ist dieser Fall also kein individueller Fall, sondern hätte es durch andere mit ihm verbundene Nebenumstände erst werden müssen.

{Fussnote 2: Fabul. Aesop. 33.}

{Fussnote 3: Critische Briefe. Zürich 1746. S. 168.}

{Fussnote 4: Fab. Aesop. 268.}

{Fussnote 5: In seinen Fabeln, so wie sie Richardson adoptiert hat, die 187.}

Die Sache hat also ihre Richtigkeit: der besondere Fall, aus welchem die Fabel bestehet, muß als wirklich vorgestellt werden; er muß das sein, was wir in dem strengsten Verstande einen einzeln Fall nennen. Aber warum? Wie steht es um die philosophische Ursache? Warum begnügt sich das Exempel der praktischen Sittenlehre, wie man die Fabel nennen kann, nicht mit der bloßen Möglichkeit, mit der sich die Exempel andrer Wissenschaften begnügen? — Wieviel ließe sich hiervon plaudern, wenn ich bei meinen Lesern gar keine richtige psychologische Begriffe voraussetzen wollte. Ich habe mich oben schon geweigert, die Lehre von der anschauenden Erkenntnis aus unserm Weltweisen abzuschreiben. Und ich will auch hier nicht mehr davon beibringen als unumgänglich nötig ist, die Folge meiner Gedanken zu zeigen.

Die anschauende Erkenntnis ist für sich selbst klar. Die symbolische entlehnet ihre Klarheit von der anschauenden.

Das Allgemeine existierst nur in dem Besondern und kann nur in dem

Besondern anschauend erkannt werden.

Einem allgemeinen symbolischen Schlusse folglich alle die Klarheit zu geben, deren er fähig ist, das ist, ihn soviel als möglich zu erläutern, müssen wir ihn auf das Besondere reduzieren, um ihn in diesem anschauend zu erkennen.

Ein Besonderes, insofern wir das Allgemeine in ihm anschauend erkennen, heißt ein Exempel.

Die allgemeinen symbolischen Schlüsse werden also durch Exempel erläutert. Alle Wissenschaften bestehen aus dergleichen symbolischen Schlüssen; alle Wissenschaften bedürfen daher der Exempel.

Doch die Sittenlehre muß mehr tun als ihre allgemeinen Schlüsse bloß erläutern; und die Klarheit ist nicht der einzige Vorzug der anschauenden Erkenntnis.

Weil wir durch diese einen Satz geschwinder übersehen und so in einer kürzern Zeit mehr Bewegungsgründe in ihm entdecken können, als wenn er symbolisch ausgedrückt ist: so hat die anschauende Erkenntnis auch einen weit größern Einfluß in den Willen als die symbolische.

Die Grade dieses Einflusses richten sich nach den Graden ihrer Lebhaftigkeit; und die Grade ihrer Lebhaftigkeit nach den Graden der nähern und mehrern Bestimmungen, in die das Besondere gesetzt wird. Je näher das Besondere bestimmt wird, je mehr sich darin unterscheiden läßt, desto größer ist die Lebhaftigkeit der anschauenden Erkenntnis.

Die Möglichkeit ist eine Art des Allgemeinen; denn alles was möglich ist, ist auf verschiedene Art möglich.

Ein Besonderes also, bloß als möglich betrachtet, ist gewissermaßen noch etwas Allgemeines und hindert, als dieses, die Lebhaftigkeit der anschauenden Erkenntnis.

Folglich muß es als wirklich betrachtet werden und die Individualität erhalten, unter der es allein wirklich sein kann, wenn die anschauende Erkenntnis den höchsten Grad ihrer Lebhaftigkeit erreichen und so mächtig als möglich auf den Willen wirken soll.

Das Mehrere aber, das die Sittenlehre, außer der Erläuterung, ihren allgemeinen Schlüssen schuldig ist, bestehet eben in dieser ihnen zu erteilenden Fähigkeit auf den Willen zu wirken, die sie durch die anschauende Erkenntnis in dem Wirklichen erhalten, da andere Wissenschaften, denen es um die bloße Erläuterung zu tun ist, sich mit einer geringern Lebhaftigkeit der anschauenden Erkenntnis, deren das Besondere, als bloß möglich betrachtet, fähig ist, begnügen.

Hier bin ich also! Die Fabel erfordert deswegen einen wirklichen Fall, weil man in einem wirklichen Falle mehr Bewegungsgründe und deutlicher unterscheiden kann als in einem möglichen, weil das Wirkliche eine lebhaftere Überzeugung mit sich führet als das bloß Mögliche.

Aristoteles scheinet diese Kraft des Wirklichen zwar gekannt zu haben; weil er sie aber aus einer unrechten Quelle herleitet, so konnte es nicht fehlen, er mußte eine falsche Anwendung davon machen. Es wird nicht undienlich sein, seine ganze Lehre von dem Exempel (peri paradeigmatoV) hier zu übersehen [6]. Erst von seiner Einteilung des Exempels: Paradeigmatwn d eidh duo estin, sagt er, en men gar esti paradeigmatoV eidoV, to legein pragmata progegenhmena, en de, to auta poiein. Toutou d en men parabolh: en de logoi: oion oi aiswpeioi kai libukoi. Die Einteilung überhaupt ist richtig; von einem Kommentator aber würde ich verlangen, daß er uns den Grund von der

Unterabteilung der erdichteten Exempel beibrächte und uns lehrte, warum es deren nur zweierlei Arten gäbe und mehrere nicht geben könne. Er würde diesen Grund, wie ich es oben getan habe, leicht aus den Beispielen selbst abstrahieren können, die Aristoteles davon gibt. Die Parabel nämlich führt er durch ein wsper ei tiV ein; und die Fabeln erzählt er als etwas wirklich Geschehenes. Der Kommentator müßte also diese Stelle so umschreiben: Die Exempel werden entweder aus der Geschichte genommen oder in Ermangelung derselben erdichtet. Bei jedem geschehenen Dinge läßt sich die innere Möglichkeit von seiner Wirklichkeit unterscheiden, obgleich nicht trennen, wenn es ein geschehenes Ding bleiben soll. Die Kraft, die es als ein Exempel haben soll, liegt also entweder in seiner bloßen Möglichkeit oder zugleich in seiner Wirklichkeit. Soll sie bloß in jener liegen, so brauchen wir, in seiner Ermangelung, auch nur ein bloß mögliches Ding zu erdichten; soll sie aber in dieser liegen, so müssen wir auch unsere Erdichtung von der Möglichkeit zur Wirklichkeit erheben. In dem ersten Falle erdichten wir eine Parabel und in dem andern eine Fabel.—(Was für eine weitere Einteilung der Fabel hieraus folge, wird sich in der dritten Abhandlung zeigen.)

{Fussnote 6: Aristoteles Rhetor. lib. II. cap. 20.}

Und so weit ist wider die Lehre des Griechen eigentlich nichts zu erinnern. Aber nunmehr kömmt er auf den Wert dieser verschiedenen Arten von Exempeln und sagt: Eisi d oi logoi dhmhgorikoi: kai ecousin agaJon touto, oti pragmata men eurein omoia gegenhmena, calepon, logouV de raon. Poihsai gar dei wsper kai parabolaV, an tiV dunhtai to omoion oran, oper raon estin ek jilosojiaV. Raw men oun porisasJai ta dia twn logwn: crhsimwtera de proV to bouleusasJai, ta dia twn pragmatwn: omoia gar, wV epi to polu, ta mellonta toiV gegonosi. Ich will mich itzt nur an den letzten Ausspruch dieser Stelle halten. Aristoteles sagt, die historischen Exempel hätten deswegen eine größere Kraft zu überzeugen als die Fabeln, weil das Vergangene gemeiniglich dem Zukünftigen ähnlich sei. Und hierin, glaube ich, hat sich Aristoteles geirret. Von der Wirklichkeit eines Falles, den ich nicht selbst erfahren habe, kann ich nicht anders als aus Gründen der Wahrscheinlichkeit überzeugt werden. Ich glaube bloß deswegen, daß ein Ding geschehen und daß es soundso geschehen ist, weil es höchst wahrscheinlich ist und höchst unwahrscheinlich sein würde, wenn es nicht oder wenn es anders geschehen wäre. Da also einzig und allein die innere Wahrscheinlichkeit mich die ehemalige Wirklichkeit eines Falles glauben macht und diese innere Wahrscheinlichkeit sich ebensowohl in einem erdichteten Falle finden kann: was kann die Wirklichkeit des erstern für eine größere Kraft auf meine Überzeugung haben als die Wirklichkeit des andern? Ja noch mehr. Da das historische Wahre nicht immer auch wahrscheinlich ist, da Aristoteles selbst die Sentenz des Agatho billiget:

Tac an tiV eikoV auto tout einai legoi:
Brotoisi polla tugcanein ouk eikota,

da er hier selbst sagt, daß das Vergangene nur gemeiniglich (epi to polu) dem Zukünftigen ähnlich sei, der Dichter aber die freie Gewalt hat, hierin von der Natur abzugehen und alles, was er für wahr ausgibt, auch wahrscheinlich zu machen: so sollte ich meinen, wäre es wohl klar, daß den Fabeln, überhaupt zu reden, in Ansehung der Überzeugungskraft, der Vorzug vor den historischen Exempeln gebühre etc.

Und nunmehr glaube ich meine Meinung von dem Wesen der Fabel genugsam vorbereitete zu haben. Ich fasse daher alles zusammen und sage: Wenn wir einen allgemeinen moralischen Satz auf einen besondern Fall zurückführen, diesem besondern Falle die Wirklichkeit erteilen und eine Geschichte daraus dichten, in welcher man den allgemeinen Satz anschauend erkennt: so heißt diese Erdichtung eine Fabel.

Das ist meine Erklärung, und ich hoffe, daß man sie, bei der Anwendung, ebenso richtig als fruchtbar finden wird.

II. Von dem Gebrauche der Tiere in der Fabel

Der größte Teil der Fabeln hat Tiere, und wohl noch geringere Geschöpfe, zu handelnden Personen. — Was ist hiervon zu halten? Ist es eine wesentliche Eigenschaft der Fabel, daß die Tiere darin zu moralischen Wesen erhoben werden? Ist es ein Handgriff, der dem Dichter die Erreichung seiner Absicht verkürzt und erleichtert? Ist es ein Gebrauch, der eigentlich keinen ernstlichen Nutzen hat, den man aber, zu Ehren des ersten Erfinders, beibehält, weil er wenigstens schnackisch ist — quod risum movet? Oder was ist es?

Batteux hat diese Fragen entweder gar nicht vorausgesehen, oder er war listig genug, daß er ihnen damit zu entkommen glaubte, wenn er den Gebrauch der Tiere seiner Erklärung sogleich mit anflickte. Die Fabel, sagt er, ist die Erzählung einer allegorischen Handlung, die gemeiniglich den Tieren beigelegt wird. — Vollkommen à la Françoise! Oder wie der Hahn über die Kohlen! — Warum, möchten wir gerne wissen, warum wird sie gemeiniglich den Tieren beigelegt? Oh, was ein langsamer Deutscher nicht alles fragt!

Überhaupt ist unter allen Kunstrichtern Breitinger der einzige, der diesen Punkt berührt hat. Er verdient es also um so viel mehr, daß wir ihn hören. "Weil Aesopus, sagt er, die Fabel zum Unterrichte des gemeinen bürgerlichen Lebens angewendet, so waren seine Lehren meistens ganz bekannte Sätze und Lebensregeln, und also mußte er auch zu den allegorischen Vorstellungen derselben ganz gewohnte Handlungen und Beispiele aus dem gemeinen Leben der Menschen entlehnen: Da nun aber die täglichen Geschäfte und Handlungen der Menschen nichts Ungemeines oder merkwürdig Reizendes an sich haben, so mußte man notwendig auf ein neues Mittel bedacht sein, auch der allegorischen Erzählung eine anzügliche Kraft und ein reizendes Ansehen mitzuteilen, um ihr also dadurch einen sichern Eingang in das menschliche Herz aufzuschließen. Nachdem man nun wahrgenommen, daß allein das Seltene, Neue und Wunderbare eine solche erweckende und angenehm entzückende Kraft auf das menschliche Gemüt mit sich führet, so war man bedacht, die Erzählung durch die Neuheit und Seltsamkeit der Vorstellungen wunderbar zu machen und also dem Körper der Fabel eine ungemeine und reizende Schönheit beizulegen. Die Erzählung bestehet aus zween wesentlichen Hauptumständen, dem Umstande der Person, und der Sache oder Handlung; ohne diese kann keine Erzählung Platz haben. Also muß das Wunderbare, welches in der Erzählung herrschen soll, sich entweder auf die Handlung selbst oder auf die Personen, denen selbige zugeschrieben wird, beziehen. Das Wunderbare, das in den täglichen Geschäften und Handlungen der Menschen vorkömmt, bestehet vornehmlich in dem Unvermuteten, sowohl in Absicht auf die Vermessenheit im Unterfangen als die Bosheit oder Torheit im Ausführen, zuweilen auch in einem ganz unerwarteten Ausgange einer Sache: Weil aber dergleichen wunderbare Handlungen in dem gemeinen

Leben der Menschen etwas Ungewohntes und Seltenes sind, da hingegen die meisten gewöhnlichen Handlungen gar nichts Ungemeines oder Merkwürdiges an sich haben, so sah man sich gemüßiget, damit die Erzählung als der Körper der Fabel nicht verächtlich würde, derselben durch die Veränderung und Verwandlung der Personen einen angenehmen Schein des Wunderbaren mitzuteilen. Da nun die Menschen, bei aller ihrer Verschiedenheit, dennoch überhaupt betrachtet in einer wesentlichen Gleichheit und Verwandtschaft stehen, so besann man sich, Wesen von einer höhern Natur, die man wirklich zu sein glaubte, als Götter und Genios oder solche, die man durch die Freiheit der Dichter zu Wesen erschuf, als die Tugenden, die Kräfte der Seele, das Glück, die Gelegenheit etc. in die Erzählung einzuführen; vornehmlich aber nahm man sich die Freiheit heraus, die Tiere, die Pflanzen und noch geringere Wesen, nämlich die leblosen Geschöpfe, zu der höhern Natur der vernünftigen Wesen zu erheben, indem man ihnen menschliche Vernunft und Rede mitteilte, damit sie also fähig würden, uns ihren Zustand und ihre Begegnisse in einer uns vernehmlichen Sprache zu erklären und durch ihr Exempel von ähnlichen moralischen Handlungen unsre Lehrer abzugeben etc."—

Breitinger also behauptet, daß die Erreichung des Wunderbaren die Ursache sei, warum man in der Fabel die Tiere und andere niedrigere Geschöpfe reden und vernunftmäßig handeln lasse. Und eben weil er dieses für die Ursache hält, glaubt er, daß die Fabel überhaupt, in ihrem Wesen und Ursprunge betrachtet, nichts anders als ein lehrreiches Wunderbare sei. Diese seine zweite Erklärung ist es, welche ich hier, versprochnermaßen, untersuchen muß.

Es wird aber bei dieser Untersuchung vornehmlich darauf ankommen, ob die Einführung der Tiere in der Fabel wirklich wunderbar ist. Ist sie es, so hat Breitinger viel gewonnen; ist sie es aber nicht, so liegt auch sein ganzes Fabelsystem, mit einmal, über dem Haufen.

Wunderbar soll diese Einführung sein? Das Wunderbare, sagt ebendieser Kunstrichter, legt den Schein der Wahrheit und Möglichkeit ab. Diese anscheinende Unmöglichkeit also gehöret zu dem Wesen des Wunderbaren; und wie soll ich nunmehr jenen Gebrauch der Alten, den sie selbst schon zu einer Regel gemacht hatten, damit vergleichen? Die Alten nämlich fingen ihre Fabeln am liebsten mit dem Fasi und dem darauf folgenden Klagefalle an. Die griechischen Rhetores nennen dieses kurz, die Fabel in dem Klagefalle (taiV aitiatikaiV) vortragen; und Theon, wenn er in seinen Vorübungen [1] hierauf kömmt, führet eine Stelle des Aristoteles an, wo der Philosoph diesen Gebrauch billiget und es zwar deswegen für ratsamer erkläret, sich bei Einführung einer Fabel lieber auf das Altertum zu berufen, als in der eigenen Person zu sprechen, damit man den Anschein, als erzähle man etwas Unmögliches, vermindere (ina paramuJhswntai to dokein adunata legein). War also das der Alten ihre Denkungsart, wollten sie den Schein der Unmöglichkeit in der Fabel soviel als möglich vermindert wissen: so mußten sie notwendig weit davon entfernt sein, in der Fabel etwas Wunderbares zu suchen oder zur Absicht zu haben; denn das Wunderbare muß sich auf diesen Schein der Unmöglichkeit gründen.

{Fussnote 1: Nach der Ausgabe des Camerarius, S. 28.}

Weiter! Das Wunderbare, sagt Breitinger an mehr als einem Orte, sei der höchste Grad des Neuen. Diese Neuheit aber muß das Wunderbare, wenn es seine gehörige Wirkung auf uns tun soll, nicht allein bloß in Ansehung seiner selbst, sondern auch in Ansehung unsrer Vorstellungen haben. Nur das ist wunderbar, was sich sehr selten in der Reihe der natürlichen Dinge eräugnet. Und nur das Wunderbare behält seinen Eindruck auf uns, dessen Vorstellung in der Reihe unsrer Vorstellungen ebenso selten vorkommt. Auf einen fleißigen Bibelleser wird das größte Wunder, das in der Schrift aufgezeichnet ist, den Eindruck bei weitem nicht mehr machen, den es das erstemal auf ihn gemacht hat. Er lieset es endlich mit ebenso wenigem Erstaunen, daß die Sonne einmal stillegestanden, als er sie täglich auf- und niedergehen sieht. Das Wunder bleibt immer dasselbe; aber nicht unsere Gemütsverfassung, wenn wir es zu oft denken. —Folglich würde auch die Einführung der Tiere uns höchstens nur in den ersten Fabeln wunderbar vorkommen; fänden wir aber, daß die Tiere fast in allen Fabeln sprächen und urteilten, so würde diese Sonderbarkeit, so groß sie auch an und vor sich selbst wäre, doch gar bald nichts Sonderbares mehr für uns haben.

Aber wozu alle diese Umschweife? Was sich auf einmal umreißen läßt, braucht man das erst zu erschüttern?— Darum kurz: daß die Tiere, und andere niedrigere Geschöpfe, Sprache und Vernunft haben, wird in der Fabel vorausgesetzt; es wird angenommen und soll nichts weniger als wunderbar sein.—Wenn ich in der Schrift lese [2]: "Da tat der Herr der Eselin den Mund auf, und sie sprach zu Bileam etc.", so lese ich etwas Wunderbares. Aber wenn ich bei dem Aesopus lese [3]: Fasin, ote jwnhneta hn ta zwa, thn oin proV ton despothn eipein: "Damals, als die Tiere noch redeten, soll das Schaf zu seinem Hirten gesagt haben", so ist es ja wohl offenbar, daß mir der Fabulist nichts Wunderbares erzählen will, sondern vielmehr etwas, das zu der Zeit, die er mit Erlaubnis seines Lesers annimmt, dem gemeinen Laufe der Natur vollkommen gemäß war.

{Fussnote 2: 4. B. Mos. XXII. 28.}

{Fussnote 3: Fab. Aesop. 316.}

Und das ist so begreiflich, sollte ich meinen, daß ich mich schämen muß, noch ein Wort hinzuzutun. Ich komme vielmehr sogleich auf die wahre Ursache—die ich wenigstens für die wahre halte—, warum der Fabulist die Tiere oft zu seiner Absicht bequemer findet als die Menschen.—Ich setze sie in die allgemein bekannte Bestandheit der Charaktere.— Gesetzt auch, es wäre noch so leicht, in der Geschichte ein Exempel zu finden, in welchem sich diese oder jene moralische Wahrheit anschauend erkennen ließe. Wird sie sich deswegen von jedem, ohne Ausnahme, darin erkennen lassen? Auch von dem, der mit den Charakteren der dabei interessierten Personen nicht vertraut ist? Unmöglich! Und wieviel Personen sind wohl in der Geschichte so allgemein bekannt, daß man sie nur nennen dürfte, um sogleich bei einem jeden den Begriff von der ihnen zukommenden Denkungsart und andern Eigenschaften zu erwecken? Die umständliche Charakterisierung daher zu vermeiden, bei welcher es doch noch immer zweifelhaft ist, ob sie bei allen die nämlichen Ideen hervorbringt, war man gezwungen, sich lieber in die kleine Sphäre derjenigen Wesen einzuschränken, von denen man es zuverlässig weiß, daß auch bei den Unwissendsten ihren Benennungen diese und keine andere Idee entspricht. Und weil von diesen Wesen die wenigsten ihrer Natur nach geschickt waren, die Rollen freier Wesen über sich zu nehmen, so erweiterte man lieber die Schranken ihrer Natur und machte sie, unter gewissen wahrscheinlichen Voraussetzungen, dazu geschickt.

Man hört: Britannicus und Nero. Wie viele wissen, was sie hören? Wer war dieser? Wer jener? In welchem Verhältnisse stehen sie gegeneinander? — Aber man hört: der Wolf und das Lamm; sogleich weiß jeder, was er höret, und weiß, wie sich das eine zu dem andern verhält. Diese Wörter, welche stracks ihre gewissen Bilder in uns erwecken, befördern die anschauende Erkenntnis, die durch jene Namen, bei welchen auch die, denen sie nicht unbekannt sind, gewiß nicht alle vollkommen ebendasselbe denken, verhindert wird. Wenn daher der Fabulist keine vernünftigen Individua auftreiben kann, die sich durch ihre bloße Benennungen in unsere Einbildungskraft schildern, so ist es ihm erlaubt, und er hat Fug und Recht, dergleichen unter den Tieren oder unter noch geringem Geschöpfen zu suchen. Man setze, in der Fabel von dem Wolfe und dem Lamme, anstatt des Wolfes den Nero, anstatt des Lammes den Britannicus, und die Fabel hat auf einmal alles verloren, was sie zu einer Fabel für das ganze menschliche Geschlecht macht. Aber man setze anstatt des Lammes und des Wolfes den Riesen und den Zwerg, und sie verlieret schon weniger; denn auch der Riese und der Zwerg sind Individua, deren Charakter, ohne weitere Hinzutuung, ziemlich aus der Benennung erhellet. Oder man verwandle sie lieber gar in folgende menschliche Fabel: "Ein Priester kam zu dem armen Manne des Propheten [4] und sagte: Bringe dein weißes Lamm vor den Altar, denn die Götter fordern ein Opfer. Der Arme erwiderte: mein Nachbar hat eine zahlreiche Herde, und ich habe nur das einzige Lamm. Du hast aber den Göttern ein Gelübde getan, versetzte dieser, weil sie deine Felder gesegnet. — Ich habe kein Feld, war die Antwort. — Nun so war es damals, als sie deinen Sohn von seiner Krankheit genesen ließen—Oh, sagte der Arme, die Götter haben ihn selbst zum Opfer hingenommen. Gottloser! zürnte der Priester, du lästerst! und riß das Lamm aus seinem Schoße etc."—Und wenn in dieser Verwandlung die Fabel noch weniger verloren hat, so kömmt es bloß daher, weil man mit dem Worte Priester den Charakter der Habsüchtigkeit, leider, noch weit geschwinder verbindet als den Charakter der Blutdürstigkeit mit dem Worte Riese und durch den armen Mann des Propheten die Idee der unterdrückten Unschuld noch leichter erregt wird als durch den Zwerg. — Der beste Abdruck dieser Fabel, in welchem sie ohne Zweifel am allerwenigsten verloren hat, ist die Fabel von der Katze und dem Hahne [5]. Doch weil man auch hier sich das Verhältnis der Katze gegen den Hahn nicht so geschwind denkt als dort das Verhältnis des Wolfes zum Lamme, so sind diese noch immer die allerbequemsten Wesen, die der Fabulist zu seiner Absicht hat wählen können.

{Fussnote 4: 2. B. Samuelis XII.}

{Fussnote 5: Fab. Aesop. 6.}

Der Verfasser der oben angeführten Critischen Briefe ist mit Breitingern einerlei Meinung und sagt unter andern, in der erdichteten Person des Hermann Axels [6]: "Die Fabel bekommt durch diese sonderbare Personen ein wunderliches Ansehen. Es wäre keine ungeschickte Fabel, wenn man dichtete: Ein Mensch sah auf einem hohen Baume die schönsten Birnen hangen, die seine Lust, davon zu essen, mächtig reizeten. Er bemühte sich lange, auf denselben hinaufzuklimmen, aber es war umsonst, er mußte es endlich aufgeben. Indem er wegging, sagte er: Es ist mir gesunder, daß ich sie noch länger stehenlasse, sie sind doch noch nicht zeitig genug. Aber dieses Geschichtchen reizet nicht stark genug; es ist zu platt etc."—Ich gestehe es Hermann Axeln zu; das Geschichtchen ist sehr platt und verdienet nichts weniger als den Namen einer guten Fabel. Aber ist es bloß deswegen so platt geworden, weil kein Tier darin redet und handelt? Gewiß nicht; sondern es ist es dadurch geworden, weil er das Individuum, den Fuchs, mit dessen bloßem Namen wir einen gewissen Charakter verbinden, aus welchem sich der Grund von der ihm zugeschriebenen Handlung angeben läßt, in ein anders Individuum verwandelt hat, dessen Name keine Idee eines bestimmten Charakters in uns erwecket. "Ein Mensch!" Das ist ein viel zu allgemeiner Begriff für die Fabel. An was für eine Art von Menschen soll ich dabei denken? Es gibt deren so viele! Aber "ein Fuchs!" Der Fabulist weiß nur von einem Fuchse, und sobald er mir das Wort nennt, fallen auch meine Gedanken sogleich nur auf einen Charakter. Anstatt des Menschen überhaupt hätte Hermann Axel also wenigstens einen Gasconier setzen müssen. Und alsdenn würde er wohl gefunden haben, daß die Fabel, durch die bloße Weglassung des Tieres, so viel eben nicht verlöre, besonders wenn er in dem nämlichen Verhältnisse auch die übrigen Umstände geändert und den Gasconier nach etwas mehr als nach Birnen lüstern gemacht hätte.

{Fussnote 6: S. 166.}

Da also die allgemein bekannten und unveränderlichen Charaktere der Tiere die eigentliche Ursache sind, warum sie der Fabulist zu moralischen Wesen erhebt, so kömmt mir es sehr sonderbar vor, wenn man es einem zum besondern Ruhme machen will, "daß der Schwan in seinen Fabeln nicht singe, noch der Pelikan sein Blut für seine Jungen vergieße" [7]. — Als ob man in den Fabelbüchern die Naturgeschichte studieren sollte! Wenn dergleichen Eigenschaften allgemein bekannt sind, so sind sie wert, gebraucht zu werden, der Naturalist mag sie bekräftigen oder nicht. Und derjenige, der sie uns, es sei durch seine Exempel oder durch seine Lehre, aus den Händen spielen will, der nenne uns erst andere Individua, von denen es bekannt ist, daß ihnen die nämlichen Eigenschaften in der Tat zukommen.

{Fussnote 7: Man sehe die kritische Vorrede zu M. v. K. neuen Fabeln.}

Je tiefer wir auf der Leiter der Wesen herabsteigen, desto seltner kommen uns dergleichen allgemein bekannte Charaktere vor. Dieses ist denn auch die Ursache, warum sich der Fabulist so selten in dem Pflanzenreiche, noch seltener in dem Steinreiche und am allerseltensten vielleicht unter den Werken der Kunst finden läßt. Denn daß es deswegen geschehen sollte, weil es stufenweise immer unwahrscheinlicher werde, daß diese geringern Werke der Natur und Kunst empfinden, denken und sprechen könnten, will mir nicht ein. Die Fabel von dem ehernen und dem irdenen Topfe ist nicht um ein Haar schlechter oder unwahrscheinlicher als die beste Fabel z. E. von einem Affen, so nahe auch dieser dem Menschen verwandt ist, und so unendlich weit jene von ihm abstehen.

Indem ich aber die Charaktere der Tiere zur eigentlichen Ursache ihres vorzüglichen Gebrauchs in der Fabel mache, will ich nicht sagen, daß die Tiere dem Fabulisten sonst zu weiter gar nichts nützten. Ich weiß es sehr wohl, daß sie unter andern in der zusammengesetzten Fabel das Vergnügen der Vergleichung um ein großes vermehren, welches alsdenn kaum merklich ist, wenn, sowohl der wahre als der erdichtete einzelne Fall, beide aus handelnden Personen von einerlei Art, aus Menschen, bestehen. Da aber dieser Nutzen, wie gesagt, nur in der zusammengesetzten Fabel stattfindet, so kann er die Ursache nicht sein, warum die Tiere auch in der einfachen Fabel, und also in der Fabel überhaupt, dem Dichter sich gemeiniglich mehr empfehlen als die Menschen.

Ja, ich will es wagen, den Tieren und andern geringern Geschöpfen in der Fabel noch einen Nutzen zuzuschreiben, auf welchen ich vielleicht durch Schlüsse nie gekommen wäre, wenn mich nicht mein Gefühl darauf gebracht hätte. Die Fabel hat unsere klare und lebendige Erkenntnis eines moralischen Satzes zur Absicht. Nichts verdunkelt unsere Erkenntnis mehr als die Leidenschaften. Folglich muß der Fabulist die Erregung der Leidenschaften soviel als möglich vermeiden. Wie kann er aber anders z. B. die Erregung des Mitleids vermeiden, als wenn er die Gegenstände desselben unvollkommener macht und anstatt der Menschen Tiere oder noch geringere Geschöpfe annimmt? Man erinnere sich noch einmal der Fabel von dem Wolfe und Lamme, wie sie oben in die Fabel von dem Priester und dem armen Manne des Propheten verwandelt worden. Wir haben Mitleiden mit dem Lamme; aber dieses Mitleiden ist so schwach, daß es unserer anschauenden Erkenntnis des moralischen Satzes keinen merklichen Eintrag tut. Hingegen wie ist es mit dem armen Manne? Kömmt es mir nur so vor, oder ist es wirklich wahr, daß wir mit diesem viel zuviel Mitleiden haben und gegen den Priester viel zuviel Unwillen empfinden, als daß die anschauende Erkenntnis des moralischen Satzes hier ebenso klar sein könnte, als sie dort ist?

III. Von der Einteilung der Fabeln

Die Fabeln sind verschiedener Einteilungen fähig. Von einer, die sich aus der verschiednen Anwendung derselben ergibt, habe ich gleich anfangs geredet. Die Fabeln nämlich werden entweder bloß auf einen allgemeinen moralischen Satz angewendet und heißen einfache Fabeln, oder sie werden auf einen wirklichen Fall angewendet, der mit der Fabel unter einem und ebendemselben moralischen Satze enthalten ist, und heißen zusammengesetzte Fabeln. Der Nutzen dieser Einteilung hat sich bereits an mehr als einer Stelle gezeiget.

Eine andere Einteilung würde sich aus der verschiednen Beschaffenheit des moralischen Satzes herholen lassen. Es gibt nämlich moralische Sätze, die sich besser in einem einzeln Falle ihres Gegenteils als in einem einzeln Falle, der unmittelbar unter ihnen begriffen ist, anschauend erkennen lassen. Fabeln also, welche den moralischen Satz in einem einzeln Falle des Gegenteils zur Intuition bringen, würde man vielleicht indirekte Fabeln, so wie die andern direkte Fabeln nennen können.

Doch von diesen Einteilungen ist hier nicht die Frage; noch viel weniger von jener unphilosophischen Einteilung nach den verschiedenen Erfindern oder Dichtern, die sich einen vorzüglichen Namen damit gemacht haben. Es hat den Kunstrichtern gefallen, ihre gewöhnliche Einteilung der Fabel von einer Verschiedenheit herzunehmen, die mehr in die Augen fällt; von der Verschiedenheit nämlich der darin handelnden Personen. Und diese Einteilung ist es, die ich hier näher betrachten will.

Aphthonius ist ohne Zweifel der älteste Skribent, der ihrer erwähnst. Tou de muJou, sagt er in seinen Vorübungen, to men esti logikon, to de hJikon, to de mikton. Kai logikon men en w ti poiwn anJrwpoV peplastai: mikton de to ex amjoterwn alogou kai logikou. Es gibt drei Gattungen von Fabeln, die vernünftige, in welcher der Mensch die handelnde Person ist, die sittliche, in welcher unvernünftige Wesen aufgeführt werden, die vermischte, in welcher sowohl unvernünftige als vernünftige Wesen vorkommen. —Der Hauptfehler dieser Einteilung, welcher sogleich einem jeden in die Augen leuchtet, ist der, daß sie das nicht erschöpft, was sie erschöpfen sollte. Denn wo bleiben diejenigen Fabeln, die aus Gottheiten und allegorischen Personen bestehen? Aphthonius hat die vernünftige Gattung ausdrücklich auf den einzigen Menschen eingeschränkt. Doch wenn diesem Fehler auch abzuhelfen wäre, was kann dem ohngeachtet roher und mehr von der obersten Fläche abgeschöpft sein als diese Einteilung? Öffnet sie uns nur auch die geringste freiere Einsicht in das Wesen der Fabel?

Batteux würde daher ohne Zweifel ebenso wohl getan haben, wenn er von der Einteilung der Fabel gar geschwiegen hätte, als daß er uns mit jener kahlen aphthonianischen abspeisen will. Aber was wird man vollends von ihm sagen, wenn ich zeige, daß er sich hier auf einer kleinen Tücke treffen läßt? Kurz zuvor sagt er unter andern von den Personen der Fabel: "Man hat hier nicht allein den Wolf und das Lamm, die Eiche und das Schilf, sondern auch den eisernen und den irdenen Topf ihre Rollen spielen sehen. Nur der Herr Verstand und das Fräulein Einbildungskraft und alles, was ihnen ähnlich siehet, sind von diesem Theater ausgeschlossen worden, weil es ohne Zweifel schwerer ist, diesen bloß geistigen Wesen einen charaktermäßigen Körper zu geben, als Körpern, die einige Analogie mit unsern Organen haben, Geist und Seele zu geben." [1]—Merkt man, wider wen dieses geht? Wider den de La Motte, der sich in seinen Fabeln der allegorischen Wesen sehr häufig bedienet. Da dieses nun nicht nach dem Geschmacke unsers oft mehr eckeln als feinen Kunstrichters war, so konnte ihm die aphthonianische mangelhafte Einteilung der Fabel nicht anders als willkommen sein, indem es durch sie stillschweigend gleichsam zur Regel gemacht wird, daß die Gottheiten und allegorischen Wesen gar nicht in die aesopische Fabel gehören. Und diese Regel eben möchte Batteux gar zu gern festsetzen, ob er sich gleich nicht getrauet, mit ausdrücklichen Worten darauf zu dringen. Sein System von der Fabel kann auch nicht wohl ohne sie bestehen. "Die aesopische Fabel, sagt er, ist, eigentlich zu reden, das Schauspiel der Kinder; sie unterscheidet sich von den übrigen nur durch die Geringfügigkeit und Naivität ihrer spielenden Personen. Man sieht auf diesem Theater keinen Cäsar, keinen Alexander: aber wohl die Fliege und die Ameise etc."— Freilich, diese Geringfügigkeit der spielenden Personen vorausgesetzt, konnte Batteux mit den höhern poetischen Wesen des de La Motte unmöglich zufrieden sein. Er verwarf sie also, ob er schon einen guten Teil der besten Fabeln des Altertums zugleich mit verwerfen mußte, und zog sich, um den kritischen Anfällen deswegen weniger ausgesetzt zu sein, unter den Schutz der mangelhaften Einteilung des Aphthonius. Gleich als ob Aphthonius der Mann wäre, der alle Gattungen von Fabeln, die in seiner Einteilung nicht Platz haben, eben dadurch verdammen könnte! Und diesen Mißbrauch einer erschlichenen Autorität, nenne ich eben die kleine Tücke, deren sich Batteux in Ansehung des de La Motte hier schuldig gemacht hat.

{Fussnote 1: Nach der Ramlerschen Übersetzung, S. 244.}

Wolf [2] hat die Einteilung des Aphthonius gleichfalls beibehalten, aber einen weit edlern Gebrauch davon gemacht. Diese Einteilung in vernünftige und sittliche Fabeln, meinet er, klinge zwar ein wenig sonderbar; denn man könnte sagen, daß eine jede Fabel sowohl eine vernünftige als eine sittliche Fabel wäre. Sittlich nämlich sei eine jede Fabel insofern als sie einer sittlichen Wahrheit zum Besten erfunden worden, und vernünftig insofern, als diese sittliche Wahrheit der Vernunft gemäß ist. Doch da es einmal gewöhnlich sei, diesen Worten hier eine andere Bedeutung zu geben, so wolle er keine Neuerung machen. Aphthonius habe übrigens bei seiner Einteilung die Absicht gehabt, die Verschiedenheit der Fabeln ganz zu erschöpfen, und mehr nach dieser Absicht als nach den Worten, deren er sich dabei bedient habe, müsse sie beurteilet werden. Absit enim, sagt er—und oh, wenn alle Liebhaber der Wahrheit so billig dächten!—, absit, ut negemus accurate cogitasse, qui non satis accurate loquuntur. Puerile est, erroris redarguere eum, qui ab errore immunem possedit animum, propterea quod parum apta succurrerint verba, quibus mentem suam exprimere poterat. Er behält daher die Benennungen der aphthonianischen Einteilung bei und weiß die Wahrheit, die er nicht darin gefunden, so scharfsinnig hineinzulegen, daß sie das vollkommene Ansehen einer richtigen philosophischen Einteilung bekömmt. "Wenn wir Begebenheiten erdichten, sagt er, so legen wir entweder den Subjekten solche Handlungen und Leidenschaften, überhaupt solche Prädikate bei als ihnen zukommen, oder wir legen ihnen solche bei, die ihnen nicht zukommen. In dem ersten Falle heißen es vernünftige Fabeln, in dem andern sittliche Fabeln, und vermischte Fabeln heißen es, wenn sie etwas sowohl von der Eigenschaft der sittlichen als vernünftigen Fabel haben."

{Fussnote 2: Philosoph. practicae universales pars post. S 303.}

Nach dieser Wolfischen Verbesserung also, beruhet die Verschiedenheit der Fabel nicht mehr auf der bloßen Verschiedenheit der Subjekte, sondern auf der Verschiedenheit der Prädikate, die von diesen Subjekten gesagt werden. Ihr zufolge kann eine Fabel Menschen zu handelnden Personen haben und dennoch keine vernünftige Fabel sein, so wie sie eben nicht notwendig eine sittliche Fabel sein muß, weil Tiere in ihr aufgeführt werden. Die oben angeführte Fabel von den zwei kämpfenden Hähnen würde nach den Worten des Aphthonius eine sittliche Fabel sein, weil sie die Eigenschaften und das Betragen gewisser Tiere nachahmet; wie hingegen Wolf den Sinn des Aphthonius genauer bestimmt hat, ist sie eine vernünftige Fabel, weil nicht das geringste von den Hähnen darin gesagt wird, was ihnen nicht eigentlich zukäme. So ist es mit mehrern: Z. E. der Vogelsteller und die Schlange [3], der Hund und der Koch [4], der Hund und der Gärtner [5], der Schäfer und der Wolf [6]: lauter Fabeln, die nach der gemeinen Einteilung unter die sittlichen und vermischten, nach der verbesserten aber unter die vernünftigen gehören.

{Fussnote 3: Fab. Aesop. 32.}

{Fussnote 4: Fabul. Aesop. 34.}

{Fussnote 5: Fab. Aesop. 67.}

{Fussnote 6: Fab. Aesop. 71.}

Und nun? Werde ich es bei dieser Einteilung unsers Weltweisen können bewenden lassen? Ich weiß nicht. Wider ihre logikalische Richtigkeit habe ich nichts zu erinnern; sie erschöpft alles, was sie erschöpfen soll. Aber man kann ein guter Dialektiker sein, ohne ein Mann von Geschmack zu sein; und das letzte war Wolf, leider, wohl nicht. Wie, wenn es auch ihm hier so gegangen wäre, als er es von dem Aphthonius vermutet, daß er zwar richtig gedacht, aber sich nicht so vollkommen gut ausgedrückt hätte, als es besonders die Kunstrichter wohl verlangen dürften? Er redet von Fabeln, in welchen den Subjekten Leidenschaften und Handlungen, überhaupt Prädikate, beigelegt werden, deren sie nicht fähig sind, die ihnen nicht zukommen. Dieses Nicht-Zukommen kann einen übeln Verstand machen. Der Dichter, kann man daraus schließen, ist also nicht gehalten, auf die Naturen der Geschöpfe zu sehen, die er in seinen Fabeln aufführet? Er kann das Schaf verwegen, den Wolf sanftmütig, den Esel feurig vorstellen; er kann die Tauben als Falken brauchen und die Hunde von den Hasen jagen lassen. Alles dieses kömmt ihnen nicht zu; aber der Dichter macht eine sittliche Fabel, und er darf es ihnen beilegen. — Wie nötig ist es, dieser gefährlichen Auslegung, diesen mit einer Überschwemmung der abgeschmacktesten Märchen drohenden Folgerungen vorzubauen!

Man erlaube mir also, mich auf meinen eigenen Weg wieder zurückzuwenden. Ich will den Weltweisen so wenig als möglich aus dem Gesichte verlieren; und vielleicht kommen wir, am Ende der Bahn, zusammen. — Ich habe gesagt und glaube es erwiesen zu haben, daß auf der Erhebung des einzeln Falles zur Wirklichkeit der wesentliche Unterschied der Parabel, oder des Exempels überhaupt, und der Fabel beruhet. Diese Wirklichkeit ist der Fabel so unentbehrlich, daß sie sich eher von ihrer Möglichkeit als von jener etwas abbrechen läßt. Es streitet minder mit ihrem Wesen, daß ihr einzelner Fall nicht schlechterdings möglich ist, daß er nur nach gewissen Voraussetzungen, unter gewissen Bedingungen möglich ist, als daß er nicht als wirklich vorgestellt werde. In Ansehung dieser Wirklichkeit folglich ist die Fabel keiner Verschiedenheit fähig, wohl aber in Ansehung ihrer Möglichkeit, welche sie veränderlich zu sein erlaubt. Nun ist, wie gesagt, diese Möglichkeit entweder eine unbedingte oder bedingte Möglichkeit; der einzelne Fall der Fabel ist entweder schlechterdings möglich, oder er ist es nur nach gewissen Voraussetzungen, unter gewissen Bedingungen. Die Fabeln also, deren einzelner Fall schlechterdings möglich ist, will ich (um gleichfalls bei den alten Benennungen zu bleiben) vernünftige Fabeln nennen; Fabeln hingegen, wo er es nur nach gewissen Voraussetzungen ist, mögen sittliche heißen. Die vernünftigen Fabeln leiden keine fernere Unterabteilung, die sittlichen aber leiden sie. Denn die Voraussetzungen betreffen entweder die Subjekte der Fabel oder die Prädikate dieser Subjekte: der Fall der Fabel ist entweder möglich, vorausgesetzt, daß diese und jene Wesen existieren, oder er ist es, vorausgesetzt, daß diese und jene wirklich existierende Wesen (nicht andere Eigenschaften als ihnen zukommen; denn sonst würden sie zu anderen Wesen werden, sondern) die ihnen wirklich zukommenden Eigenschaften in einem höhern Grade, in einem weitern Umfange besitzen. Jene Fabeln, worin die Subjekte vorausgesetzt werden, wollte ich mythische Fabeln nennen, und diese, worin nur erhöhtere Eigenschaften wirklicher Subjekte angenommen werden, würde ich, wenn ich das Wort anders wagen darf, hyperphysische Fabeln nennen.—

Ich will diese meine Einteilung noch durch einige Beispiele erläutern. Die Fabeln, der Blinde und der Lahme, die zwei kämpfenden Hähne, der Vogelsteller und die Schlange, der Hund und der Gärtner, sind lauter vernünftige Fabeln, obschon bald lauter Tiere, bald Menschen und Tiere darin vorkommen; denn der darin enthaltene Fall ist schlechterdings möglich, oder mit Wolfen zu reden, es wird den Subjekten nichts darin beigelegt, was ihnen nicht zukomme.—Die Fabeln, Apollo und Jupiter [1], Herkules und Plutus [2], die verschiedene Bäume in ihren besondern Schutz nehmenden Götter [3], kurz, alle Fabeln, die aus Gottheiten, aus allegorischen Personen, aus Geistern und Gespenstern, aus andern erdichteten Wesen, dem Phönix z. E., bestehen, sind sittliche Fabeln, und zwar mythisch sittliche; denn es wird darin vorausgesetzt, daß alle diese Wesen existieren oder existieret haben, und der Fall, den sie enthalten, ist nur unter dieser Voraussetzung möglich.—Der Wolf und das Lamm [4], der Fuchs und der Storch [5], die Natter und die Feile [6], die Bäume und der Dornstrauch [7], der Ölbaum und das Rohr [8] etc. sind gleichfalls sittliche, aber hyperphysisch sittliche Fabeln; denn die Natur dieser wirklichen Wesen wird erhöhet, die Schranken ihrer Fähigkeiten werden erweitert. Eines muß ich hierbei erinnern! Man bilde sich nicht ein, daß diese Gattung von Fabeln sich bloß auf die Tiere und andere geringere Geschöpfe einschränke: der Dichter kann auch die Natur des Menschen erhöhen und die Schranken seiner Fähigkeiten erweitern. Eine Fabel z. E. von einem Propheten würde eine hyperphysisch sittliche Fabel sein; denn die Gabe zu prophezeien, kann dem Menschen bloß nach einer erhöhtern Natur zukommen. Oder wenn man die Erzählung von den himmelstürmenden Riesen als eine aesopische Fabel behandeln und sie dahin verändern wollte, daß ihr unsinniger Bau von Bergen auf Bergen endlich von selbst zusammenstürzte und sie unter den Ruinen begrübe: so würde keine andere als eine hyperphysisch sittliche Fabel daraus werden können.

{Fussnote 1: Fab. Aesop. 187 [vgl. Lessings Fabel II 12].}

{Fussnote 2: Phaedrus libr. IV. Fab. 11 [vgl. Lessings Fabel II 2].}

{Fussnote 3: Phaedrus libr. III. Fab. 15.}

{Fussnote 4: Phaedrus libr. 1. Fab. 1.}

{Fussnote 5: Phaedrus libr. I. Fab. 25.}

{Fussnote 6: Phaedr.s libr. IV. Fab. 7.}

{Fussnote 7: Fab. Aesop. 313.}

{Fussnote 8: Fabul. Aesop. 143.}

Aus den zwei Hauptgattungen, der vernünftigen und

sittlichen Fabel, entstehet auch bei mir eine vermischte Gattung, wo nämlich der Fall zum Teil schlechterdings, zum Teil nur unter gewissen Voraussetzungen möglich ist. Und zwar können dieser vermischten Fabeln dreierlei sein; die vernünftig mythische Fabel, als Herkules und der Kärrner [9], der arme Mann und der Tod [10], die vernünftig hyperphysische Fabel, als der Holzschläger und der Fuchs [11], der Jäger und der Löwe [12]; und endlich die hyperphysisch mythische Fabel, als Jupiter und das Kamel [13], Jupiter und die Schlange [4] etc.

{Fussnote 9: Fabul. Aesop. 336.}

{Fussnote 10: Fabul. Aesop. 20.}

{Fussnote 11: Fabul. Aesop. 127.}

{Fussnote 12: Fabul. Aesop. 280.}

{Fussnote 13: Fabul. Aesop. 197.}

{Fussnote 14: Fabul. Aesop. 189.}

Und diese Einteilung erschöpft die Mannigfaltigkeit der Fabeln ganz gewiß, ja man wird, hoffe ich, keine anführen können, deren Stelle ihr zufolge zweifelhaft bleibe, welches bei allen andern Einteilungen geschehen muß, die sich bloß auf die Verschiedenheit der handelnden Personen beziehen. Die Breitingersche Einteilung ist davon nicht ausgeschlossen, ob er schon dabei die Grade des Wunderbaren zum Grunde gelegt hat. Denn da bei ihm die Grade des Wunderbaren, wie wir gesehen haben, größtenteils auf die Beschaffenheit der handelnden Personen ankommen, so klingen seine Worte nur gründlicher, und er ist in der Tat in die Sache nichts tiefer eingedrungen. "Das Wunderbare der Fabel, sagt er, hat seine verschiedene Grade —Der niedrigste Grad des Wunderbaren findet sich in derjenigen Gattung der Fabeln, in welchen ordentliche Menschen aufgeführet werden — Weil in denselben das Wahrscheinliche über das Wunderbare weit die Oberhand hat, so können sie mit Fug wahrscheinliche oder in Absicht auf die Personen menschliche Fabeln benennet werden. Ein mehrerer Grad des Wunderbaren äußert sich in derjenigen Klasse der Fabeln, in welchen ganz andere als menschliche Personen aufgeführet werden. — Diese sind entweder von einer vortrefflichern und höhern Natur als die menschliche ist, z. E. die heidnischen Gottheiten — oder sie sind in Ansehung ihres Ursprungs und ihrer natürlichen Geschicklichkeit von einem geringern Rang als die Menschen, als z. E. die Tiere, Pflanzen etc. — Weil in diesen Fabeln das Wunderbare über das Wahrscheinliche nach verschiedenen Graden herrschet, werden sie deswegen nicht unfüglich wunderbare und in Absicht auf die Personen entweder göttliche oder tierische Fabeln genannt — " Und die Fabel von den zwei Töpfen, die Fabel von den Bäumen und dem Dornstrauche? Sollen die auch tierische Fabeln heißen? Oder sollen sie und ihresgleichen eigne Benennungen erhalten? Wie sehr wird diese Namenrolle anwachsen, besonders wenn man auch alle Arten der vermischten Gattung benennen sollte! Aber ein Exempel zu geben, daß man, nach dieser Breitingerschen Einteilung, oft zweifelhaft sein kann, zu welcher Klasse man diese oder jene Fabel rechnen soll, so betrachte man die schon angeführte Fabel von dem Gärtner und seinem Hunde oder die noch bekanntere von dem Ackersmanne und der Schlange; aber nicht so, wie sie Phaedrus erzählet, sondern wie sie unter den griechischen Fabeln vorkommt. Beide haben einen so geringen Grad des Wunderbaren, daß man sie notwendig zu den wahrscheinlichen, das ist menschlichen Fabeln, rechnen müßte. In beiden aber kommen auch Tiere vor; und in Betrachtung dieser würden sie zu den vermischten Fabeln gehören, in welchen das Wunderbare weit mehr über das

Wahrscheinliche herrscht als in jenen. Folglich würde man erst ausmachen müssen, ob die Schlange und der Hund hier als handelnde Personen der Fabel anzusehen wären oder nicht, ehe man der Fabel selbst ihre Klasse anweisen könnte.

Ich will mich bei diesen Kleinigkeiten nicht länger aufhalten, sondern mit einer Anmerkung schließen, die sich überhaupt auf die hyperphysischen Fabeln beziehet und die ich, zur richtigern Beurteilung einiger von meinen eigenen Versuchen, nicht gern anzubringen vergessen möchte. — Es ist bei dieser Gattung von Fabeln die Frage, wie weit der Fabulist die Natur der Tiere und andrer niedrigern Geschöpfe erhöhen und wie nahe er sie der menschlichen Natur bringen dürfe? Ich antworte kurz: so weit und so nahe er immer will. Nur mit der einzigen Bedingung, daß aus allem, was er sie denken, reden und handeln läßt, der Charakter hervorscheine, um dessen willen er sie seiner Absicht bequemer fand als alle andere Individua. Ist dieses, denken, reden und tun sie durchaus nichts, was ein ander Individuum von einem andern oder gar ohne Charakter ebensogut denken, reden und tun könnte: so wird uns ihr Betragen im geringsten nicht befremden, wenn es auch noch soviel Witz, Scharfsinnigkeit und Vernunft voraussetzt. Und wie könnte es auch? Haben wir ihnen einmal Freiheit und Sprache zugestanden, so müssen wir ihnen zugleich alle Modifikationen des Willens und alle Erkenntnisse zugestehen, die aus jenen Eigenschaften folgen können, auf welchen unser Vorzug vor ihnen einzig und allein beruhet. Nur ihren Charakter, wie gesagt, müssen wir durch die ganze Fabel finden; und finden wir diesen, so erfolgt die Illusion, daß es wirkliche Tiere sind, ob wir sie gleich reden hören und ob sie gleich noch so feine Anmerkungen, noch so scharfsinnige Schlüsse machen. Es ist unbeschreiblich, wieviel Sophismata non causae ut causae die Kunstrichter in dieser Materie gemacht haben. Unter andern der Verfasser der Critischen Briefe, wenn er von seinem Hermann Axel sagt: "Daher schreibt er auch den unvernünftigen Tieren, die er aufführt, niemals eine Reihe von Anschlägen zu, die in einem System, in einer Verknüpfung stehen und zu einem Endzwecke von weitem her angeordnet sind. Denn dazu gehöret eine Stärke der Vernunft, welche über den Instinkt ist. Ihr Instinkt gibt nur flüchtige und dunkle Strahlen einer Vernunft von sich, die sich nicht lange emporhalten kann. Aus dieser Ursache werden diese Fabeln mit Tierpersonen ganz kurz und bestehen nur aus einem sehr einfachen Anschlage oder Anliegen. Sie reichen nicht zu, einen menschlichen Charakter in mehr als einem Lichte vorzustellen; ja der Fabulist muß zufrieden sein, wenn er nur einen Zug eines Charakters vorstellen kann. Es ist eine ausschweifende Idee des Pater Bossu, daß die aesopische Fabel sich in dieselbe Länge wie die epische Fabel ausdehnen lasse. Denn das kann nicht geschehen, es sei denn, daß man die Tiere nichts von den Tieren behalten lasse, sondern sie in Menschen verwandle, welches nur in possierlichen Gedichten angehet, wo man die Tiere mit gewissem Vorsatz in Masken aufführet und die Verrichtungen der Menschen nachäffen läßt etc."—Wie sonderbar ist hier das aus dem Wesen der Tiere hergeleitet, was der Kunstrichter aus dem Wesen der anschauenden Erkenntnis, und aus der Einheit des moralischen Lehrsatzes in der Fabel hätte herleiten sollen! Ich gebe es zu, daß der Einfall des Pater Bossu nichts taugt. Die aesopische Fabel, in die Länge einer epischen Fabel ausgedehnet, höret auf, eine aesopische Fabel zu sein; aber nicht deswegen, weil man den Tieren, nachdem man ihnen Freiheit und Sprache erteilet hat, nicht auch eine Folge von Gedanken, dergleichen die Folge von Handlungen in der Epopee erfordern würde, erteilen dürfte, nicht deswegen, weil die Tiere alsdenn zu viel Menschliches haben würden: sondern deswegen, weil die Einheit des moralischen Lehrsatzes verlorengehen würde, weil man diesen Lehrsatz in der Fabel, deren Teile so gewaltsam auseinandergedehnet und mit fremden Teilen vermischt worden, nicht länger anschauend erkennen würde. Denn die anschauende Erkenntnis erfordert unumgänglich, daß wir den einzeln Fall auf einmal übersehen können; können wir es nicht, weil er entweder allzuviel Teile hat oder seine Teile allzuweit auseinanderliegen, so kann auch die Intuition des Allgemeinen nicht erfolgen. Und nur dieses, wenn ich nicht sehr irre, ist der wahre Grund, warum man es dem dramatischen Dichter, noch williger aber dem Epopeendichter, erlassen hat, in ihre Werke eine einzige Hauptlehre zu legen. Denn was hilft es, wenn sie auch eine hineinlegen? Wir können sie doch nicht darin erkennen, weil ihre Werke viel zu weitläuftig sind, als daß wir sie auf einmal zu übersehen vermöchten. In dem Skelette derselben müßte sie sich wohl endlich zeigen; aber das Skelett gehöret für den kalten Kunstrichter, und wenn dieser einmal glaubt, daß eine solche Hauptlehre darin liegen müsse, so wird er sie gewiß herausgrübeln, wenn sie der Dichter auch gleich nicht hineingelegt hat. Daß übrigens das eingeschränkte Wesen der Tiere von dieser nicht zu erlaubenden Ausdehnung der aesopischen Fabel die wahre Ursach nicht sei, hätte der kritische Briefsteller gleich daher abnehmen können, weil nicht bloß die tierische Fabel, sondern auch jede andere aesopische Fabel, wenn sie schon aus vernünftigen Wesen bestehet, derselben unfähig ist. Die Fabel von dem Lahmen und Blinden, oder von dem armen Mann und dem Tode, läßt sich ebensowenig zur Länge des epischen Gedichts erstrecken als die Fabel von dem Lamme und dem Wolfe, oder von dem Fuchse und dem Raben. Kann es also an der Natur der Tiere liegen? Und wenn man mit Beispielen streiten wollte, wieviel sehr gute Fabeln ließen sich ihm nicht entgegensetzen, in welchen den Tieren weit mehr als flüchtige und dunkle Strahlen einer Vernunft beigelegt wird und man sie ihre Anschläge ziemlich von weitem her zu einem Endzwecke anwenden siehet. Z. E. der Adler und der Käfer [15]; der Adler, die Katze und das Schwein [16] etc.

{Fussnote 15: Fab. Aesop. 2.}

{Fussnote 16: Phaedrus libr. II. Fab. 4.}

Unterdessen, dachte ich einsmals bei mir selbst, wenn man demohngeachtet eine aesopische Fabel von einer ungewöhnlichen Länge machen wollte, wie müßte man es anfangen, daß die itztberührten Unbequemlichkeiten dieser Länge wegfielen? Wie müßte unser Reinicke Fuchs aussehen, wenn ihm der Name eines aesopischen Heldengedichts zukommen sollte? Mein Einfall war dieser: Vors erste müßte nur ein einziger moralischer Satz in dem Ganzen zum Grunde liegen; vors zweite müßten die vielen und mannigfaltigen Teile dieses Ganzen, unter gewisse Hauptteile gebracht werden, damit man sie wenigstens in diesen Hauptteilen auf einmal übersehen könnte; vors dritte müßte jeder dieser Hauptteile ein besonders Ganze, eine für sich bestehende Fabel, sein können, damit das große Ganze aus gleichartigen Teilen bestünde. Es müßte, um alles zusammenzunehmen, der allgemeine moralische Satz in seine einzelne Begriffe aufgelöset werden; jeder von diesen einzelnen Begriffen müßte in einer besondern Fabel zur Intuition gebracht werden, und alle diese besondern Fabeln müßten zusammen nur eine einzige Fabel ausmachen. Wie wenig hat der Reinicke Fuchs von diesen Requisitis! Am besten also, ich mache selbst die Probe, ob sich mein Einfall auch wirklich ausführen läßt. —Und nun urteile man, wie diese Probe ausgefallen ist! Es ist die sechzehnte Fabel meines dritten Buchs und heißt die Geschichte des alten Wolfs in sieben Fabeln. Die Lehre, welche in allen sieben Fabeln zusammengenommen liegt, ist diese: "Man muß einen alten Bösewicht nicht auf das Äußerste bringen und ihm alle Mittel zur Besserung, so spät und erzwungen sie auch sein mag, benehmen." Dieses Äußerste, diese Benehmung aller Mittel zerstückte ich, machte verschiedene mißlungene Versuche des Wolfs daraus, des gefährlichen Raubens künftig müßig gehen zu können, und bearbeitete jeden dieser Versuche als eine besondere Fabel, die ihre eigene und mit der Hauptmoral in keiner Verbindung stehende Lehre hat.—Was ich hier bis auf sieben und mit dem Rangstreite der Tiere auf vier Fabeln gebracht habe, wird ein andrer mit einer andern noch fruchtbarern Moral leicht auf mehrere bringen können. Ich begnüge mich, die Möglichkeit gezeigt zu haben.

IV. Von dem Vortrage der Fabeln

Wie soll die Fabel vorgetragen werden? Ist hierin Aesopus oder ist
Phaedrus oder ist La Fontaine das wahre Muster?

Es ist nicht ausgemacht, ob Aesopus seine Fabeln selbst aufgeschrieben und in ein Buch zusammengetragen hat. Aber das ist so gut als ausgemacht, daß, wenn er es auch getan hat, doch keine einzige davon durchaus mit seinen eigenen Worten auf uns gekommen ist. Ich verstehe also hier die allerschönsten Fabeln in den verschiedenen griechischen Sammlungen, welchen man seinen Namen vorgesetzt hat. Nach diesen zu urteilen, war sein Vortrag von der äußersten Präzision; er hielt sich nirgends bei Beschreibungen auf; er kam sogleich zur Sache und eilte mit jedem Worte näher zum Ende; er kannte kein Mittel zwischen dem Notwendigen und Unnützen. So charakterisiert ihn de La Motte, und richtig. Diese Präzision und Kürze, worin er ein so großes Muster war, fanden die

Alten der Natur der Fabel auch so angemessen, daß sie eine allgemeine Regel daraus machten. Theon unter andern dringet mit den ausdrücklichsten Worten darauf.

Auch Phaedrus, der sich vornahm die Erfindungen des Aesopus in Versen auszubilden, hat offenbar den festen Vorsatz gehabt, sich an diese Regel zu halten; und wo er davon abgekommen ist, scheinet ihn das Silbenmaß und der poetischere Stil, in welchen uns auch das allersimpelste Silbenmaß wie unvermeidlich verstrickt, gleichsam wider seinen Willen davon abgebracht zu haben.

Aber La Fontaine? Dieses sonderbare Genie! La Fontaine! Nein wider ihn selbst habe ich nichts; aber wider seine Nachahmer, wider seine blinden Verehrer! La Fontaine kannte die Alten zu gut, als daß er nicht hätte wissen sollen, was ihre Muster und die Natur zu einer vollkommenen Fabel erforderten. Er wußte es, daß die Kürze die Seele der Fabel sei; er gestand es zu, daß es ihr vornehmster Schmuck sei, ganz und gar keinen Schmuck zu haben. Er bekannte[1] mit der liebenswürdigsten Aufrichtigkeit, "daß man die zierliche Präzision und die außerordentliche Kürze, durch die sich Phaedrus so sehr empfehle, in seinen Fabeln nicht finden werde. Es wären dieses Eigenschaften, die zu erreichen, ihn seine Sprache zum Teil verhindert hätte; und bloß deswegen, weil er den Phaedrus darin nicht nachahmen können, habe er geglaubt, qu'il falloit en recompense egayer l'ouvrage plus qu'il n'a fait." Alle die Lustigkeit, sagt er, durch die ich meine Fabeln aufgestützt habe, soll weiter nichts als eine etwanige Schadloshaltung für wesentlichere Schönheiten sein, die ich ihnen zu erteilen zu unvermögend gewesen bin. — Welch Bekenntnis! In meinen Augen macht ihm dieses Bekenntnis mehr Ehre als ihm alle seine Fabeln machen! Aber wie wunderbar ward es von dem französischen Publico aufgenommen! Es glaubte,

La Fontaine wolle ein bloßes Kompliment machen, und hielt die Schadloshaltung unendlich höher als das, wofür sie geleistet war. Kaum konnte es auch anders sein; denn die Schadloshaltung hatte allzuviel reizendes für Franzosen, bei welchen nichts über die Lustigkeit gehet. Ein witziger Kopf unter ihnen, der hernach das Unglück hatte, hundert Jahr witzig zu bleiben[2], meinte sogar, La Fontaine habe sich aus bloßer Albernheit (par betise) dem Phaedrus nachgesetzt; und de La Motte schrie über diesen Einfall: mot plaisant, mais solide!

{Fussnote 1: In der Vorrede zu seinen Fabeln.}

{Fussnote 2: Fontenelle.}

Unterdessen, da La Fontaine seine lustige Schwatzhaftigkeit, durch ein so großes Muster, als ihm Phaedrus schien, verdammt glaubte, wollte er doch nicht ganz ohne Bedeckung von seiten des Altertums bleiben. Er setzte also hinzu: "Und meinen Fabeln diese Lustigkeit zu erteilen, habe ich um so viel eher wagen dürfen, da Quintilian lehrt, man könne die Erzählungen nicht lustig genug machen (egayer). Ich brauche keine Ursache hiervon anzugeben; genug, daß es Quintilian sagt."—Ich habe wider diese Autorität zweierlei zu erinnern. Es ist wahr, Quintilian sagt: Ego vero narrationem, ut si ullam partem orationis, omni, qua potest, gratia et venere exornandam puto[3], und dieses muß die Stelle sein, worauf sich La Fontaine stützet. Aber ist diese Grazie, diese Venus, die er der Erzählung soviel als möglich, obgleich nach Maßgebung der Sache [4], zu erteilen befiehlet, ist dieses Lustigkeit? Ich sollte meinen, daß gerade die Lustigkeit dadurch ausgeschlossen werde. Doch der Hauptpunkt ist hier dieser: Quintilian redet von der Erzählung des Facti in einer gerichtlichen Rede, und was er von dieser sagt, ziehet La Fontaine, wider die ausdrückliche Regel der Alten, auf die Fabel. Er hätte diese Regel unter andern bei dem Theon finden können. Der Grieche redet von dem Vortrage der Erzählung in der Chrie—wie plan, wie kurz muß die Erzählung in einer Chrie sein!—und setzt hinzu: en de toiV muJoiV aplousteran thn ermhneian einai dei kai prosjuh· kai wV dunaton, akataskeuon te kai sajh: Die Erzählung der Fabel soll noch planer sein, sie soll zusammengepreßt, soviel als möglich ohne alle Zieraten und Figuren, mit der einzigen Deutlichkeit zufrieden sein.

{Fussnote 3: Quinctilianus Inst. Orat. lib. IV. cap. 2.}

{Fussnote 4: Sed plurimum refert, quae sit natura ejus rei, quam exponimus. Idem, ibidem.}

Dem La Fontaine vergebe ich den Mißbrauch dieser Autorität des Quintilians gar gern. Man weiß ja, wie die Franzosen überhaupt die Alten lesen! Lesen sie doch ihre eigene Autores mit der unverzeihlichsten Flatterhaftigkeit. Hier ist gleich ein Exempel! De La Motte sagt von dem La Fontaine: Tout Original qu'il est dans les manieres, il etoit Admirateur des Anciens jusqu'a la prevention, comme s'ils eussent été ses modeles. La brieveté, dit-il, est l'ame de la Fable, et il est inutile d'en apporter des raisons, c'est assez que Quintilien l'ait dit.[5] Man kann nicht verstümmelter anführen, als de La Motte hier den La Fontaine anführet! La Fontaine legt es einem ganz andern Kunstrichter in den Mund, daß die Kürze die Seele der Fabel sei, oder spricht es vielmehr in seiner eigenen Person; er beruft sich nicht wegen der Kürze, sondern wegen der Munterkeit, die in den Erzählungen herrschen solle, auf das Zeugnis des Quintilians, und würde sich wegen jener sehr schlecht auf ihn berufen haben, weil man jenen Ausspruch nirgend bei ihm findet.

{Fussnote 5: Discours sur la Fable, p. 17.}

Ich komme auf die Sache selbst zurück. Der allgemeine Beifall, den La Fontaine mit seiner muntern Art zu erzählen erhielt, machte, daß man nach und nach die aesopische Fabel von einer ganz andern Seite betrachtete, als sie die Alten betrachtet hatten. Bei den Alten gehörte die Fabel zu dem Gebiete der Philosophie, und aus diesem holten sie die Lehrer der Redekunst in das ihrige herüber. Aristoteles hat nicht in seiner Dichtkunst, sondern in seiner Rhetorik davon gehandelt; und was Aphthonius und Theon davon sagen, das sagen sie gleichfalls in Vorübungen der Rhetorik. Auch bei den Neuern muß man das, was man von der aesopischen Fabel wissen will, durchaus in Rhetoriken suchen; bis auf die Zeiten des La Fontaine. Ihm gelang es die Fabel zu einem anmutigen poetischen Spielwerke zu machen, er bezauberte, er bekam eine Menge Nachahmer, die den Namen eines Dichters nicht wohlfeiler erhalten zu können glaubten als durch solche in lustigen Versen ausgedehnte und gewässerte Fabeln; die Lehrer der Dichtkunst griffen zu; die Lehrer der Redekunst ließen den Eingriff geschehen; diese hörten auf, die Fabel als ein sicheres Mittel zur lebendigen Überzeugung anzupreisen; und jene fingen dafür an, sie als ein Kinderspiel zu betrachten, das sie, soviel als möglich auszuputzen, uns lehren müßten.—So stehen wir noch!—

Ein Mann, der aus der Schule der Alten kömmt, wo ihm jene ermhneia akataskeuoV der Fabel so oft empfohlen worden, kann der wissen, woran er ist, wenn er z. E. bei dem Batteux ein langes Verzeichnis von Zieraten lieset, deren die Erzählung der Fabel fähig sein soll? Er muß voller Verwunderung fragen: so hat sich denn bei den Neuern ganz das Wesen der Dinge verändert? Denn alle diese Zieraten streiten mit dem wirklichen Wesen der Fabel. Ich will es beweisen.

Wenn ich mir einer moralischen Wahrheit durch die Fabel bewußt werden soll, so muß ich die Fabel auf einmal übersehen können; und um sie auf einmal übersehen zu können, muß sie so kurz sein als möglich. Alle Zieraten aber sind dieser Kürze entgegen; denn ohne sie würde sie noch kürzer sein können: folglich streiten alle Zieraten, insofern sie leere Verlängerungen sind, mit der Absicht der Fabel.

Z. E eben mit zur Erreichung dieser Kürze braucht die Fabel gern die allerbekanntesten Tiere; damit sie weiter nichts als ihren einzigen Namen nennen darf, um einen ganzen Charakter zu schildern, um Eigenschaften zu bemerken, die ihr ohne diese Namen allzuviel Worte kosten würden. Nun höre man den Batteux: "Diese Zieraten bestehen erstlich in Gemälden, Beschreibungen, Zeichnungen der Örter, der Personen, der Stellungen."—Das heißt: Man muß nicht schlechtweg z. E. ein Fuchs sagen, sondern man muß fein sagen:

Un vieux Renard, mais des plus fins,
Grand croqueur de poulets, grand preneur de lapins,
Sentant son Renard d'un lieue etc.

Der Fabulist brauchet Fuchs, um mit einer einzigen Silbe ein individuelles Bild eines witzigen Schalks zu entwerfen; und der Poet will lieber von dieser Bequemlichkeit nichts wissen, will ihr entsagen, ehe man ihm die Gelegenheit nehmen soll, eine lustige Beschreibung von einem Dinge zu machen, dessen ganzer Vorzug hier eben dieser ist, daß es keine Beschreibung bedarf.

Der Fabulist will in einer Fabel nur eine Moral zur Intuition bringen. Er wird es also sorgfältig vermeiden, die Teile derselben so einzurichten, daß sie uns Anlaß geben, irgendeine andere Wahrheit in ihnen zu erkennen, als wir in allen Teilen zusammengenommen erkennen sollen. Viel weniger wird er eine solche fremde Wahrheit mit ausdrücklichen Worten einfließen lassen, damit er unsere Aufmerksamkeit nicht von seinem Zwecke abbringe oder wenigstens schwäche, indem er sie unter mehrere allgemeine moralische Sätze teilet. — Aber Batteux, was sagt der? "Die zweite Zierat, sagt er, bestehet in den Gedanken; nämlich in solchen Gedanken, die hervorstechen und sich von den übrigen auf eine besondere Art unterscheiden."

Nicht minder widersinnig ist seine dritte Zierat, die Allusion — Doch wer streitet denn mit mir? Batteux selbst gesteht es ja mit ausdrücklichen Worten, "daß dieses nur Zieraten solcher Erzählungen sind, die vornehmlich zur Belustigung gemacht werden". Und für eine solche Erzählung hält er die Fabel? Warum bin ich so eigensinnig, sie auch nicht dafür zu halten? Warum habe ich nur ihren Nutzen im Sinne? Warum glaube ich, daß dieser Nutzen seinem Wesen nach schon anmutig genug ist, um aller fremden Annehmlichkeiten entbehren zu können? Freilich geht es dem La Fontaine, und allen seinen Nachahmern, wie meinem Manne mit dem Bogen[6]; der Mann wollte, daß sein Bogen mehr als glatt sei; er ließ Zieraten darauf schnitzen; und der Künstler verstand sehr wohl, was für Zieraten auf einen Bogen gehörten; er schnitzte eine Jagd darauf: nun will der Mann den Bogen versuchen, und er zerbricht. Aber war das die Schuld des Künstlers? Wer hieß den Mann, so wie zuvor, damit zu schießen? Er hätte den geschnitzten Bogen nunmehr fein in seiner Rüstkammer aufhängen und seine Augen daran weiden sollen! Mit einem solchen Bogen schießen zu wollen! — Freilich würde nun auch Plato, der die Dichter alle mitsamt ihrem Homer aus seiner Republik verbannte, dem Aesopus aber einen rühmlichen Platz darin vergönnte, freilich würde auch er nunmehr zu dem Aesopus, so wie ihn La Fontaine verkleidet hat, sagen: Freund, wir kennen einander nicht mehr! Geh auch du deinen Gang! Aber, was geht es uns an, was so ein alter Grillenfänger, wie Plato, sagen würde?—

{Fussnote 6: S. die erste Fabel des dritten Buchs.}

Vollkommen richtig! Unterdessen, da ich so sehr billig bin, hoffe ich, daß man es auch einigermaßen gegen mich sein wird. Ich habe die erhabene Absicht, die Welt mit meinen Fabeln zu belustigen, leider nicht gehabt; ich hatte mein Augenmerk nur immer auf diese oder jene Sittenlehre, die ich, meistens zu meiner eigenen Erbauung, gern in besondern Fällen übersehen wollte; und zu diesem Gebrauche glaubte ich meine Erdichtungen nicht kurz, nicht trocken genug aufschreiben zu können. Wenn ich aber itzt die Welt gleich nicht belustige, so könnte sie doch mit der Zeit vielleicht durch mich belustiget werden. Man erzählt ja die neuen Fabeln des Abstemius ebensowohl als die alten Fabeln des Aesopus in Versen; wer weiß, was meinen Fabeln aufbehalten ist und ob man auch sie nicht einmal mit aller möglichen Lustigkeit erzählet, wenn sie sich anders durch ihren innern Wert eine Zeitlang in dem Andenken der Welt erhalten? In dieser Betrachtung also, bitte ich voritzo mit meiner Prosa—

Aber ich bilde mir ein, daß man mich meine Bitte nicht einmal aussagen läßt. Wenn ich mit der allzumuntern und leicht auf Umwege fahrenden Erzählungsart des La Fontaine nicht zufrieden war, mußte ich darum auf das andere Extremum verfallen? Warum wandte ich mich nicht auf die Mittelstraße des Phaedrus und erzählte in der zierlichen Kürze des Römers, aber doch in Versen? Denn prosaische Fabeln; wer wird die lesen wollen!—Diesen Vorwurf werde ich ohnfehlbar zu hören bekommen. Was will ich im voraus darauf antworten? Zweierlei. Erstlich, was man mir am leichtesten glauben wird: ich fühlte mich zu unfähig, jene zierliche Kürze in Versen zu erreichen. La Fontaine, der ebendas bei sich fühlte, schob die Schuld auf seine Sprache. Ich habe von der meinigen eine zu gute Meinung und glaube überhaupt, daß ein Genie seiner angebornen Sprache, sie mag sein, welche es will, eine Form erteilen kann, welche er will. Für ein Genie sind die Sprachen alle von einer Natur; und die Schuld ist also einzig und allein meine. Ich habe die Versifikation nie so in meiner Gewalt gehabt, daß ich auf keine Weise besorgen dürfen, das Silbenmaß und der Reim werde hier und da den Meister über mich spielen. Geschähe das, so wäre es ja um die Kürze getan und vielleicht noch um mehr wesentliche Eigenschaften der guten Fabel. Denn zweitens—Ich muß es nur gestehen; ich hin mit dem Phaedrus nicht so recht zufrieden. De La Motte hatte ihm weiter nichts vorzuwerfen, als "daß er seine Moral oft zu Anfange der Fabeln setze und daß er uns manchmal eine allzu unbestimmte Moral gebe, die nicht deutlich genug aus der Allegorie entspringe". Der erste Vorwurf betrifft eine wahre Kleinigkeit; der zweite ist unendlich wichtiger, und leider gegründet. Doch ich will nicht fremde Beschuldigungen rechtfertigen; sondern meine eigne vorbringen. Sie läuft dahinaus, daß Phaedrus, sooft er sich von der Einfalt der griechischen Fabeln auch nur einen Schritt entfernt, einen plumpen Fehler begehet. Wieviel Beweise will man? Z. E.

Fab. 4. Libri I
 Canis per flumen, carnem dum ferret natans,
 Lympharum in speculo vidit simulacrum suum etc.

Es ist unmöglich; wenn der Hund durch den Fluß geschwommen ist, so hat er das Wasser um sich her notwendig so getrübt, daß er sein Bildnis unmöglich darin sehen können. Die griechischen Fabeln sagen: Kuwn kreaV ecousa potamon diebaine; das braucht weiter nichts zu heißen, als: er ging über den Fluß; auf einem niedrigen Steige muß man sich vorstellen. Aphthonius bestimmt diesen Umstand noch behutsamer: KreaV arpasasa tiV kuwn par authn dihei thn ocJhn; der Hund ging an dem Ufer des Flusses.

Fab. 5. Lib. I
 Vacca et capella, et patiens ovis injuriae,
 Socii fuere cum leone in saltibus.

Welch eine Gesellschaft! Wie war es möglich, daß sich diese viere zu einem Zwecke vereinigen konnten? Und zwar zur Jagd! Diese Ungereimtheit haben die Kunstrichter schon öfters angemerkt; aber noch keiner hat zugleich anmerken wollen, daß sie von des Phaedrus eigener Erfindung ist. Im Griechischen ist diese Fabel zwischen dem Löwen und dem wilden Esel (OnagroV). Von dem wilden Esel ist es bekannt, daß er ludert; und folglich konnte er an der Beute teilnehmen. Wie elend ist ferner die Teilung bei dem Phaedrus:

Ego primam tollo, nominor quia leo;
Secundam, quia sum fortis, tribuetis mihi;
Tum quia plus valeo, me sequetur tertia;
Male afficietur, si quis quartam tetigerit.

Wie vortrefflich hingegen ist sie im Griechischen! Der Löwe macht sogleich drei Teile; denn von jeder Beute ward bei den Alten ein Teil für den König oder für die Schatzkammer des Staats beiseite gelegt. Und dieses Teil, sagt der Löwe, gehöret mir, basileuV gar eimi; das zweite Teil gehört mir auch, wV ex isou koinwnwn, nach dem Rechte der gleichen Teilung; und das dritte Teil kakon mega soi poihsei, ei mh eJelhV jugein.

Fab. 11. Lib. I
Venari asello comite cum vellet leo,
Contexit illum frutice, et admonuit simul,
Ut insueta voce terreret feras etc.
- -
Quae dum paventes exitus notos petunt,
Leonis affliguntur horrendo impetu.

Der Löwe verbirgt den Esel in das Gesträuche; der Esel schreiet; die Tiere erschrecken in ihren Lagern, und da sie durch die bekannten Ausgänge davonfliehen wollen, fallen sie dem Löwen in die Klauen. Wie ging das zu? Konnte jedes nur durch einen Ausgang davonkommen? Warum mußte es gleich den wählen, an welchem der Löwe lauerte? Oder konnte der Löwe überall sein? — Wie vortrefflich fallen in der griechischen Fabel alle diese Schwierigkeiten weg! Der Löwe und der Esel kommen da vor eine Höhle, in der sich wilde Ziegen aufhalten. Der Löwe schickt den Esel hinein; der Esel scheucht mit seiner fürchterlichen Stimme die wilden Ziegen heraus, und so können sie dem Löwen, der ihrer an dem Eingange wartet, nicht entgehen.

Fab. 9. Libr. IV
Peras imposuit Jupiter nobis duas,
Propriis repletam vitiis post tergum dedit,
Alienis ante pectus suspendit gravem.

Jupiter hat uns diese zwei Säcke aufgelegt? Er ist also selbst Schuld, daß wir unsere eigene Fehler nicht sehen und nur scharfsichtige Tadler der Fehler unsers Nächsten sind? Wieviel fehlt dieser Ungereimtheit zu einer förmlichen Gotteslästerung? Die bessern Griechen lassen durchgängig den Jupiter hier aus dem Spiele; sie sagen schlechtweg: AnJrwpoV duo phraV ekastoV jerei; oder: duo phraV exhmmeJa tou trachlou usw.

Genug für eine Probe! Ich behalte mir vor, meine Beschuldigung an einem andern Orte umständlicher zu erweisen, und vielleicht durch eine eigene Ausgabe des Phaedrus.

V. Von einem besondern Nutzen der Fabeln in den Schulen

Ich will hier nicht von dem moralischen Nutzen der Fabeln reden; er gehöret in die allgemeine praktische Philosophie: und würde ich mehr davon sagen können, als Wolf gesagt hat? Noch weniger will ich von dem geringem Nutzen itzt sprechen, den die alten Rhetores in ihren Vorübungen von den Fabeln zogen, indem sie ihren Schülern aufgaben, bald eine Fabel durch alle casus obliquos zu verändern, bald sie zu erweitern, bald sie kürzer zusammenzuziehen etc. Diese Übung kann nicht anders als zum Nachteil der Fabel selbst vorgenommen werden; und da jede kleine Geschichte ebenso geschickt dazu ist, so weiß ich nicht, warum man eben die Fabel dazu mißbrauchen muß, die sich als Fabel ganz gewiß nur auf eine einzige Art gut erzählen läßt.

Den Nutzen, den ich itzt mehr berühren als umständlich erörtern will, würde man den heuristischen Nutzen der Fabeln nennen können.—Warum fehlt es in allen Wissenschaften und Künsten so sehr an Erfindern und selbstdenkenden Köpfen? Diese Frage wird am besten durch eine andre Frage beantwortet: Warum werden wir nicht besser erzogen? Gott gibt uns die Seele, aber das Genie müssen wir durch die Erziehung bekommen. Ein Knabe, dessen gesamte Seelenkräfte man, soviel als möglich, beständig in einerlei Verhältnissen ausbildet und erweitert, den man angewöhnet, alles, was er täglich zu seinem kleinen Wissen hinzulernt, mit dem, was er gestern bereits wußte, in der Geschwindigkeit zu vergleichen und achtzuhaben, ob er durch diese Vergleichung nicht von selbst auf Dinge kömmt, die ihm noch nicht gesagt worden, den man beständig aus einer Scienz in die andere hinübersehen läßt, den man lehret, sich ebenso leicht von dem Besondern zu dem Allgemeinen zu erheben, als von dem Allgemeinen zu dem Besondern sich wieder herabzulassen: der Knabe wird ein Genie werden, oder man kann nichts in der Welt werden.

Unter den Übungen nun, die diesem allgemeinen Plane zufolge angestellet werden müßten, glaube ich, würde die Erfindung aesopischer Fabeln eine von denen sein, die dem Alter eines Schülers am aller angemessensten wären: nicht, daß ich damit suchte, alle Schüler zu Dichtern zu machen; sondern weil es unleugbar ist, daß das Mittel, wodurch die Fabeln erfunden worden, gleich dasjenige ist, das allen Erfindern überhaupt das allergeläufigste sein muß. Dieses Mittel ist das Principium der Reduktion, und es ist am besten, den Philosophen selbst davon zu hören: Videmus adeo, quo artificio utantur fabularum inventores, principio nimirum reductionis: quod quemadmodum ad inveniendum in genere utilissimum, ita ad fabulas inveniendas absolute necessarium est. Quoniam in arte inveniendi principium reductionis amplissimum sibi locum vindicat, absque hoc principio autem nulla effingitur fabula; nemo in dubium revocare poterit, fabularum inventores inter inventores locum habere. Neque est quod inventores abjecte de fabularum inventoribus sentiant: quod si enim fabula nomen suum tueri, nec quicquam in eadem desiderari debet, haud exiguae saepe artis est eam invenire, ita ut in aliis veritatibus inveniendis excellentes hic vires suas deficere agnoscant, ubi in rem praesentem veniunt. Fabulae aniles nugae sunt, quae nihil veritatis continent, et earum autores in nugatorum non inventorum veritatis numero sunt. Absit autem ut hisce aequipares inventores fabularum vel fabellarum, cum quibus in praesente nobis negotium est, et quas vel inviti in Philosophiam practicam admittere tenemur, nisi praxi officere velimus. [1]

{Fussnote 1: Philosophiae practicae universales pars posterior § 310.}

Doch dieses Principium der Reduktion hat seine großen Schwierigkeiten. Es erfordert eine weitläuftige Kenntnis des Besondern und aller individuellen Dingen, auf welche die Reduktion geschehen kann. Wie ist diese von jungen Leuten zu verlangen? Man müßte dem Rate eines neuern Schriftstellers folgen, den ersten Anfang ihres Unterrichts mit der Geschichte der Natur zu machen und diese in der niedrigsten Klasse allen Vorlesungen zum Grunde zu legen[2]. Sie enthält, sagt er, den Samen aller übrigen Wissenschaften, sogar die moralischen nicht ausgenommen. Und es ist kein Zweifel, er wird mit diesem Samen der Moral, den er in der Geschichte der Natur gefunden zu haben glaubet, nicht auf die bloßen Eigenschaften der Tiere, und anderer geringern Geschöpfe, sondern auf die aesopischen Fabeln, welche auf diese Eigenschaften gebauet werden, gesehen haben.

{Fussnote 2: Briefe die neueste Litteratur betreffend. 1. Teil, S. 58.}

Aber auch alsdenn noch, wenn es dem Schüler an dieser weitläuftigen Kenntnis nicht mehr fehlte, würde man ihn die Fabeln anfangs müssen mehr finden als erfinden lassen; und die allmählichen Stufen von diesem Finden zum Erfinden, die sind es eigentlich, was ich durch verschiedene Versuche meines zweiten Buchs habe zeigen wollen. Ein gewisser Kunstrichter sagt: "Man darf nur im Holz und im Feld, insonderheit aber auf der Jagd, auf alles Betragen der zahmen und der wilden Tiere aufmerksam sein und, sooft etwas Sonderbares und Merkwürdiges zum Vorschein kömmt, sich selber in den Gedanken fragen, ob es nicht eine Ähnlichkeit mit einem gewissen Charakter der menschlichen Sitten habe und in diesem Falle in eine symbolische Fabel ausgebildet werden könne."[3] Die Mühe, mit seinem Schüler auf die Jagd zu gehen, kann sich der Lehrer ersparen, wenn er in die alten Fabeln selbst eine Art von Jagd zu legen weiß, indem er die Geschichte derselben bald eher abbricht, bald weiter fortfährt, bald diesen oder jenen Umstand derselben so verändert, daß sich eine andere Moral darin erkennen läßt.

{Fussnote 3: Critische Vorrede zu M. v. K. neuen Fabeln.}

Z. E. die bekannte Fabel von dem Löwen und Esel fängt sich an: Lewn kai onoV, koinwnian Jemenoi, exhlJon epi Jhran— Hier bleibt der Lehrer stehen. Der Esel in Gesellschaft des Löwen? Wie stolz wird der Esel auf diese Gesellschaft gewesen sein! (Man sehe die achte Fabel meines zweiten Buchs.) Der Löwe in Gesellschaft des Esels? Und hatte sich denn der Löwe dieser Gesellschaft nicht zu schämen? (Man sehe die siebente.) Und so sind zwei Fabeln entstanden, indem man mit der Geschichte der alten Fabel einen kleinen Ausweg genommen, der auch zu einem Ziele, aber zu einem andern Ziele führt, als Aesopus sich dabei gesteckt hatte.

Oder man verfolgt die Geschichte einen Schritt weiter: Die Fabel von der Krähe, die sich mit den ausgefallenen Federn andrer Vögel geschmückt hatte, schließt sich: kai o koloioV hn palin koloioV. Vielleicht war sie nun auch etwas Schlechters, als sie vorher gewesen war. Vielleicht hatte man ihr auch ihre eigene glänzenden Schwingfedern mit ausgerissen, weil man sie gleichfalls für fremde Federn gehalten? So geht es dem Plagiarius. Man ertappt ihn hier, man ertappt ihn da; und endlich glaubt man, daß er auch das, was wirklich sein eigen ist, gestohlen habe. (S. die sechste Fabel meines zweiten Buchs.)

Oder man verändert einzelne Umstände in der Fabel. Wie, wenn das Stücke Fleisch, welches der Fuchs dem Raben aus dem Schnabel schmeichelte, vergiftet gewesen wäre? (S. die funfzehnte) Wie, wenn der Mann die erfrorne Schlange nicht aus Barmherzigkeit, sondern aus Begierde, ihre schöne Haut zu haben, aufgehoben und in den Busen gesteckt hätte? Hätte sich der Mann auch alsdenn noch über den Undank der Schlange beklagen können? (S. die dritte Fabel.)

Oder man nimmt auch den merkwürdigsten Umstand aus der Fabel heraus und bauet auf denselben eine ganz neue Fabel. Dem Wolfe ist ein Bein in dem Schlunde steckengeblieben. In der kurzen Zeit, da er sich daran würgte, hatten die Schafe also vor ihm Friede. Aber durfte sich der Wolf die gezwungene Enthaltung als eine gute Tat anrechnen? (S. die vierte Fabel.) Herkules wird in den Himmel aufgenommen und unterläßt, dem Plutus seine Verehrung zu bezeigen. Sollte er sie wohl auch seiner Todfeindin, der Juno, zu bezeigen unterlassen haben? Oder würde es dem Herkules anständiger gewesen sein, ihr für ihre Verfolgungen zu danken? (S. die zweite Fabel.)

Oder man sucht eine edlere Moral in die Fabel zu legen; denn es gibt unter den griechischen Fabeln verschiedene, die eine sehr nichtswürdige haben. Die Esel bitten den Jupiter, ihr Leben minder elend sein zu lassen. Jupiter antwortet: tote autouV apallaghsesJai thV kakopaJeiaV, otan ourounteV poihswsi potamon. Welch eine unanständige Antwort für eine Gottheit! Ich schmeichle mir, daß ich den Jupiter würdiger antworten lassen und überhaupt eine schönere Fabel daraus gemacht habe. (S. die zehnte Fabel.)

—Ich breche ab! Denn ich kann mich unmöglich zwingen, einen
Kommentar über meine eigene Versuche zu schreiben.

www.ingramcontent.com/pod-product-compliance
Lightning Source LLC
Chambersburg PA
CBHW020228090426

42735CB00010B/1623